노동법

문재훈

삶창문고—노동 03

인권의 높이를 보여주는

노동법

삶이 보이는 창

들어가는 말

지난 몇 달 동안 촛불이 세상을 바꿀 수 있는 힘을 보여주었습니다. 헌법 제36조 제3항 건강권 침해 문제로 시작된 저항이 헌법 제1조 국민 주권의 문제로 번졌습니다. 정권과 경찰은 법질서를 말하지만 시민이 든 촛불은 헌법 제21조 언론·표현 및 집회의 자유를 표현하는 것이었고, 이를 탄압하는 것은 헌법을 부정하는 것이었습니다.

법은 그 시대의 질서 구조를 보여줍니다. 특히 민법 형법과 같은 일반법은 재산의 소유권을 중심으로 가진 자 지배자의 질서를 대변합니다. 하지만 그렇게 해서는 각계각층의 다양한 갈등을 지탱할 수 없습니다. 그래서 더 포괄적으로 사회 공공적 의미를 부과한 것이 각 나라의 헌법입니다.

우리나라의 일부 사람들이 무서워하고 또 부러워하는 미국의 독립선언서에는 인간의 기본 권리를 "생명(생존), 자유(자주), 행복·추구권"으로 규정하고 있습니다. 미친 소 광우병에 반대하는 것은 건강한 먹을거리를 먹을 생명권, 검역 주권을 보장하는 자주권, 광우병의 공포가 없는 세상을 향한 행복 추구권의 발동이므로 어떤 하위 법률로도 막을 수 없는 절대적인 국민의 요구가 되는 것입니다.

각 나라의 헌법은 주권과 인권을 보장하고 있습니다. 촛불을 든 시민들이 "대한민국은 민주공화국이다. 대한민국의 모든 권력은 국민에게서 나온다"고 했을 때 이것은 주권의 선언입니다. 이런 주장에 대해 수구세력들은 '좌익 빨갱이'라는 얼토당토않은 딱지를 붙이기도 합니다. 하지만 주권이 없는 나라는 대외적으로 자주적이지도, 대내적으로 민주적이지도 못한 것이므로 이는 진보나 보수의 문제가 아니라 국가 존립의 기초일 뿐입니다.

하지만 주권만으로는 부족합니다. 민법과 형법 등이 가진 자에 대한 보호를 우선하여 가난한 자에 대해 부족하듯 대한민국의 국민만이 사람의 전체는 아니기 때문입니다. 국적이 다른 이주노동자가 이웃이 된 지 오래입니다. 하지만 불법 체류자로 강제추방을 당하는 모습을 보며 그분들도 사람답게 대접받고 살 권리가 있다는 것을 생각하게 됩니다. 이렇게 대한민국 국민 뿐 아니라 사람이라면 누구나 존중받아야 할 권리, 누구나 자유롭고 자기 삶의 주인으로 살 권리가 있는데, 그것이 바로 '인권'입니다. 인권이 잘 보장되는 나라가 민주국가이며 복지국가이며 선진사회입니다.

이렇듯 인권이란 모든 인간에게 보편적인 권리입니다. 종교, 인종, 내외국인을 불문하고 공히 보장되는 것입니다. 우리나라 헌법은 평등권, 행복추구권, 양심의 자유, 신앙의 자유 등을 제시하고 있습니다. 그리고 사회적 약자나 사회적 문제를 구체적으로 규정하는 것이 '사회법'입니다. 이 사회법 중 가장 기본이 되는 것이 바로 '노동법'입니다. 노동법을 안다는 것은 그 사회의 민주주의와 인권의 높이를 아는 것이며 스스로 인권에 대한 인식을 높인다는 뜻입니다.

하지만 우리 사회는 아직도 인권이나 인권의 핵인 노동권에 대해 제대로 알지 못합니다. 모르니 이미 법으로 정한 권익도 보호받지 못합니다. 그래서 '법 위에서 잠자는 사람의 권리를 법은 보호하지 않는다'고 합니다. 또 흔히들 선량한 사람을 가리켜 '법 없이도 사는 사람'이라는 말을 합니다. 법이 상식의 최소한이고 가장 보수적인 규정이라는 말을 생각한다면 법 없이, 법보다 포괄적인 상식으로 사는 세상이 좋은 세상인 것은 틀림없습니다. 문제는 구체적인 현실에서 편법, 탈법, 불법이 성행하고 있다는 것입니다. 그러니 '법 없이도 사는 사람'은 법을 악용하는 이들의 좋은 먹잇감이 되기 쉽습니다.

우리가 함께 고민할 노동법은 한 사회 인권의 높이를 말해주는 최저 기준입니다. 인권의 가장 일차적인 것이 생존권인데 생존권의 법제도적 최저 기준을 규정한 것이 바로 노동법입니다. 다시 말하면 노동법은 인권의 가장 기본적인 규정입니다. 그렇기 때문에 노동자와 사용자에 상관없이, 누구나 '상식과 교양'으로 노동법을 알아야 합니다. 하지만 대한민국의 현실은 대학원을 나온 사람도, 일을 하는 사람도 노동법을 상식으로 알지 못합니다. 그래서 우리는 자신의 인권이 침해받고 있다는 사실도 모른채 살아가고 있습니다.

우리나라 헌법은 노동권과 노동3권을 보장하고 있습니다. 그런데 1948년에 제정된 제헌制憲 헌법에는 '근로자의 이익균점권'이란 권리도 있었습니다. 조목을 보면 "영리를 목적으로 하는 사기업에 있어서는 근로자는 법률의 정하는 바에 의하여 이익의 분배에 균점均霑할 권리가 있다"고 되어 있습니다. 이 권리는 노동자의 임금 청구권이나 사원 주주가 가지는 이익배당 청구권이 아닙니다. 이 조항은 사기업의 경영자는 월급 이외에도 회사 경영으로 축적한 이익을 노동자에게 분배해야 하는 의무를 지며, 국가는 노동자에게 이러한 이익분배의 청구권을 보장해 주어야 함을 뜻합니다.

그런데 인사 경영권이 사용자들의 몫이라며 오히려 사용자들의 권리로 물구나무 서 버린 현실입니다. 이렇게 본말이 뒤바뀌는 것은 언제나 반인권적인 정치 현상과 직결됩니다. 노동자의 이익 균점권은 5·16군사쿠데타 이후 삭제됩니다. 절대적 기본권마저 삭제되는 어려운 시간이 지난 지금도 노동권과 그것을 법률로 규정하는 노동법이 기초 인권이자 민주주의 시금석임을 인식하는 사람은 너무나 적습니다. 단지 단순한 경제적 이익을 위한 것으로만 알고 있습니다.

기초 권리와 기본 인권이 그 자체로 교육되고, 인식되고, 또 활용되지 않는 것은 결국 그 사회의 민주주의의 열악함과 일반인들의 인권 의식의 부족함을 보여주는 것입니다. 노동권과 노동법 공부를 통해 자기의 권리는 물론 나라와 사회의 품격을 높이는 기회를 가졌으면 하는 바람입니다.

보험처럼 사는 사람이 있고 복권처럼 사는 사람이 있습니다. 보험은 미리 준비하는 것이고 복권은 준비 없이 한탕 기회만 노리는 것입니다. 지금은 일을 당한 채 찾는 복권 같은 노동법입니다. 하지만 앞으로는 사람이 사람을 존중하는 기초 인권으로서 노동법이 미리 준비하는 보험처럼 모든 사람에게 '기본 교양과 상식'으로 정립되기 바라면서 이 책을 엮습니다.

차례

1 왜 노동법을 알아야 할까

"나는 사장이 될 건데 노동법이 왜 필요해!"라고 말하는 사람이 있습니다. 노동자와 노동법에 대해 얘기하면 회장이나 사장을 꿈꾸는 청소년들의 앞길을 저주하는 것처럼 들기도 합니다. 하지만 냉정하게 세상을 보면, 거의 모두가 노동법이 필요한 세상을 살 수밖에 없습니다. 예를 들면 우리나라 경제활동 인구가 약 2421만 명쯤 되는데, 이 중 1500만 명 이상이 월급을 받는 노동자입니다. 경제활동 인구의 60% 이상이 월급 노동자이고, 부양가족을 생각하면 대부분이 노동자와 노동자 가족으로 살고 있는 셈입니다. '나는 아니다'에 해당하는 사람은 소수이고, 월급쟁이 노동자로 살아가는 사람이 대다수입니다.

더구나 노동법은 노동자만 알아야 하는 것이 아닙니다. 노동법을 만들거나 바꾸기 위해 '노사정위원회'를 꾸리는데 이것은 노동자, 사용자, 정부, 3자가 머리를 맞대는 것입니다. 즉, 사용자인 사장도 노동법의 직접 대상자라는 것입니다. 사장을 하더라도 '악덕'이라는 욕을 먹지 않으면서 회사를 운영하거나, 정말 사람이 행복한 멋진 회사를 운영하는 꿈이 있다면 '돈과 시장의 논리' 만큼 노동자와 노동법을 꼭 알아야 합니다. 노동법을 악용하기 위해 노동법을 연구하는 이들도 있지만 말입니다.

최근에 결성되는 노동조합을 보면 교수 노조, 교사 노조, 공무원 노조, 항공 파일럿 노조 등이 있습니다. 여기에 연예인, 문인, 운동선수들도 노조를 꾸리고 있습니다. 예전에는 노동자라고 하면 기분 나빠했던 사람들도 이제는 사회적 위치와 상관없이 노동자임을 자임하고 있습니다.

한국의 현대사가 워낙 불행해서 노동자라는 말을 천하게 여겼습니다. 노동조합을 불온하게 보는 잘못된 눈을 가진 분들도 많습니다. 사회가 민주화되면서 이런 생각은 많이 줄었습니다만, 살아가면서 가장 많은 사람이 관련되어 있고 하루 중 가장 많은 시간을 보내는 직업과 직장을 천하게 여기는 것은 불행한 일입니다.

그러니 노동법에 대해서도 불행을 당한 후 대처하는 정도로밖에는 알지 못합니다. 이렇게 '노동' 이라는 말과 글이 배척당하니 대학과 대학원을 나와도 노동법에 대한 기초 상식이 없는 것은 당연합니다. 성공과 성장에만 눈이 빨개 사람이 사람답게 사는 것에는 관심 자체가 부족한 한국사회 현실의 아픈 단면이기도 합니다. 어학을 하는 노력, 기술을 배우는 노력, 또 취직 준비를 하는 노력만큼 노동법도 배우고 익혀야 합니다. 하지만 돈 중심의 교육만 판치는 세상에서 국민 대다수가 평생을 살아가는 동안 가장 필요한 노동법은 아직 찬밥 신세를 면하지 못하고 있습니다.

노동자는 자신의 권리가 무엇인지 알기 위해서, 사용자는 사람을 존중하는 회사를 만들기 위해서, 노동자와 사용자 모두가 인간의 존엄성을 생각하는 사회를 만들기 위해서 가장 기초적인 인권이자 사회 제도인 노동법을 알아야 하는 것입니다.

노동과 인권을 위한 좋은 말씀 1-예수

마음이 가난한 자는 행복하다. 하늘나라가 그들의 것이다. 평화를 위하여 일하는 사람은 행복하다. 그들은 하느님의 아들이 될 것이다. 옳은 일을 하다 박해받는 이들은 행복하다. 하늘나라가 그들의 것이다.

마태복음 중에서

2 일반법과 사회법의 차이

　우리는 맨 처음 법을 배울 때 '법 앞에 만인은 평등하다' 라는 말을 만나는데, 이는 원래 '신 앞에 만인은 평등하다' 라는 이슬람 격언을 인용한 것이라고 합니다. 자유와 평등과 박애를 기반으로 하는 근대적인 민주주의와 인권의식의 성장을 보여주는 말이기도 합니다만 신을 대체한 법이라니 좀 무섭기도 합니다.

　'법 앞에 만인은 평등하다' 는 말은 민법, 형법, 상법으로 대표되는 일반법의 기본 원리입니다. 혹시 여러분은 교언영색이라는 말을 아시나요. 또는 '빛 좋은 개살구' 라는 속담은요. 둘 다 겉이 화려한 것엔 속임수가 많고 실속이 적다는 뜻입니다. '법 앞에 만인은 평등하다' 라는 말은 그 속에 두 가지 의미를 품고 있습니다. 하나는 신분이나 종교를 앞세우는 봉건 영주나 성직자들에게 모든 인간은 평등하다는 진보적 의미이고, 다른 하나는 돈이 많으나 적으나, 권력이 많으나 적으나 동일하다는 현실적 의미입니다.

　솔직하게 말하면 근대법은 자유와 평등과 박애를 말하

지만 사유재산 보호를 절대 목적으로 하고 있습니다. 봉건 영주는 교회로부터 자유로웠고 정치적 활동에서 성직자들과 평등했습니다. 이런 자유와 평등을 노동자 민중이 가지려고 하면 이를 불온시하고 불법화했습니다. 지금처럼 자유 평등이 보편적 인권으로 되기까지는 엄청난 역사적 투쟁이 필요했습니다. 그래서 근대법을 요약하면 '사적소유권 절대의 법칙, 계약 자유의 법칙, 과실책임주의 법칙'의 관철 과정이라 할 것입니다.

　개인의 재산을 보호하고, 계약은 누구에게나 자유롭고 평등하고, 책임이 있으면 지는 것이 뭐가 문제냐 하겠지만 현실은 그렇게 간단하지 않습니다.

　1980년대 대표적인 저항시인인 김남주 님은 이런 시를 남겼습니다.

　　우리나라에서는
　　법 앞에서 만인이 평등하답니다
　　암, 그래야지요 그래야 쓰고 말고요
　　헌법에도 그렇게 나와 있는걸요
　　부잣집 침대 위에서 태어난 아기나
　　염천교 다리 밑에서 태어난 아기나
　　똑같이 평등하게 태어나니까요

　　우리나라에서는
　　법 앞에서 만인이 평등하답니다

암, 그래야지요 그래야 쓰고 말고요
헌법에도 그렇게 나와 있는걸요
집 없이 평생을 떠도는 도붓장수 박서방이나
대궐 같은 기와집에 사는 왕서방이나
허가 없이 무허가 판잣집을 지어서는 안 되니까요

우리나라에서는
법 앞에서 만인이 평등하답니다
암, 그래야지요 그래야 쓰고 말고요
헌법에도 그렇게 나와 있는걸요

물 쓰듯 돈을 쓰고도 남아도는 재산 때문에
고민이 태산같은 자본가 장아무개나
무노동에 무임금이라
다음날 아침이면 다섯 식구 끼니 때문에
걱정이 태산 같은 노동자 김아무개나
언제라도 아무 데라도 나라 안팎을
여행할 자유가 있으니까요

그뿐이 아니랍니다 자유대한에서는
예 예 연발하며 머리를 조아리는 사람에게는
다문 입에 쌀밥이 보장되고
아니오 아니오 목을 세워 고개를 쳐든 사람에게는
벌린 입에 콩밥이 보장된답니다

참 좋은 나라지요 우리나라
자유 대한 길이길이 영원히 빛나라지요.

─김남주, 「법 앞에서 만인이 평등하답니다」

이게 20년 전의 이야기만은 아니라는 것이 우리의 슬픔입니다. 재벌 회장은 사람을 납치하여 린치를 가하고 수천억 원을 횡령해도 쉽게 풀려나는 반면, 일반 시민은 몇천 원짜리 빵을 훔치거나 노동조합의 힘든 투쟁에 연대를 했다고 실형을 살아야 하는 것을 보면 말입니다.

그래서 '법 앞에 만인은 평등하다'는 말보다 '유전무죄, 무전유죄(돈이 있으면 무죄요, 돈이 없으면 유죄)'라는 말이 더욱 설득력 있게 들립니다.

형식적으로 모든 인간은 법 앞에 평등하지만, 실제로는 전혀 평등하지 않습니다. 생산 수단을 소유한 자본가와 노동력밖에 없는 노동자가 도저히 평등할 수 없는 것입니다. 노동자가 기업에 취업하는 근로계약의 체결은 형식적으로는 평등하고 자유로운 거래이지만 현실적으로는 지옥 같은 입사시험과 살얼음판 걷는 면접을 통해, 이러저러한 인맥을 통해 구걸하는 과정이 되기도 합니다. 그러니 언제 자유롭고 동등한 것을 챙길 수 있겠습니까? 취직만 돼도 너무나 황송한 일인데 말입니다.

형식으론 평등한 것처럼 보이지만 실제로는 불평등한 문제를 해소하기 위해 생긴 법이 바로 '사회법'입니다. 아무리 거래, 계약이 자유라고 하더라도 우리는 장기매매 같은 것을 범죄로 보지 상거래로 보지 않습니다. '계약자유의 원칙'이라는 사회법 이념에서도 사회정의나 공공이익 또는 인간의 실질적인 평등이 보장되는 범위 내에서만 인정됩니다.

노동자의 경우 스스로 회사를 떠나는 자유를 가질 수 있지만, 만약 사용자에게 노동자를 회사에서 내쫓는 자유를 주면 어떻게 될까요. 지금도 많은 문제가 되고 있는 일회용 휴지 같은 비정규직 노동자들, 언제 잘릴지 모르는 하루살이 인생들이 차고 넘치는 대한민국이 되고 말 것입니다. 그래서 대표적인 사회법인 노동법은 위에서 말한 일반법 원칙을 거꾸로 돌려놓습니다. '노동자와 자본가는 법 앞에 평등하지 않다. 오히려 평등해서는 안 된다'고 합니다. 그래서 자유계약이 아니라 입사를 사용자의 자유로 결정하듯 퇴사는 노동자의 자유만으로 결정되어야 한다는 법을 만든 것입니다. 만약 그러지 않으면 사용자는 부당한 해고를 한 죄로 처벌을 받아야 합니다.

이렇게 사회적 약자를 우선하고 사회적 불평등을 시정하려는 진보적이고 인권적인 법률이 사회법입니다. 일반법만이 관통되는 나라는 가난한 사람이나 사회적 약자에게는 지옥이고, 반면에 사회법이 강력한 나라는 인권 선진국인 것입니다.

3 세계 노동법의 역사

돈이 많은 자나 힘이 센 자는 규제를 싫어합니다. 맘대로 하고 싶은 것입니다. 마치 길 가다 괴롭히는 불량배들처럼 말입니다. 반면에 약자들은 법이나 제도가 많은 부분에서 자신들을 보호해 주기를 바랍니다. 혼자의 힘으로는 대항하기가 너무 버겁기 때문입니다. 돈을 뺏기는 학생처럼 말입니다.

봉건제가 무너지고 자본주의가 시작되면서 '공장제' 라는 작업 형태가 나왔습니다. 옛날에는 공동체 생활을 했기 때문에 일터(직장)와 삶터(동네나 가정)가 동일했는데, 공장제가 생기면서 출퇴근하는 생활, 즉 일터와 삶터가 분리되고 이를 강제하는 규칙이나 벌칙이 생겨납니다.

지금처럼 노동법이 인권의 기초가 된 것은 오래된 일이 아닙니다. 전 세계적으로 노동3권이 법률에 의해 구체적으로 보장되기 시작한 것은 1929년 대공황이 발생한 것에 대한 사회적 반성 이후부터입니다. 오늘날처럼 노동3권을 헌법적 권리로 명시하게 된 것은 야만적 자본주의에 대한 반성의 결과물입니다. 아무런 제한 없이 노동자들을 착취해서는 사회가 발전하는 것이 아니라 오히려 사회 자체가 망한다는 깨달음의 산물인 것이지요.

요즘에 '기업하기 좋은 나라'를 외치며 시장원리를 강조하시는 분들이 많은데, 이분들은 최소한의 역사 공부를 좀 하셔야 합니다. 사람을 외면하는 돈 중심의 일방적인 이윤 논리는 자본주의 체제의 강화가 아니라, 자기 붕괴로 가는 지름길이라는 것은 역사를 공부하면 금방 알 수 있습니다.

앞에서 말한 것처럼 자본-노동 계약에 민법(일반법)의 원리를 들이댄다는 것은, 임금 이외의 다른 생계 수단이 없는 노동자들에게는 사실상 굶어죽든, 노예처럼 복종하든 둘 중 하나를 택하라는 것과 다름없습니다. 그래서 노동법이 없던 시대에 노동자들의 저항은 강경했고, 파업은 폭력적인 형태로 나타났습니다.

자본주의 발전의 대표 국가는 초기엔 영국이고 후기엔 미국입니다. 노동법을 구성하는 전형적인 모습은 영국의 노동법 제정과 개정 과정을 통해 알 수 있습니다. 영국의 노동법 제·개정을 통해 세계 노동법의 역사를 살펴보겠습니다.

영국의 노동법 제정 과정을 보면 어이없게도 첫 번째 노동법의 이름이 '토론회 금지(1799년)', '노동자 단결 금지법(1800년)'이었습니다. 노동자들을 위한 법이 아니라, 노동자들이 깨닫고 행동하는 것을 금지하는 법이었던 것입니다.

악독한 지배자들이 가장 무서워하는 것은 바로 피지배
자들이 역사적 진실을 아는 것, 사회적 구조를 깨치는 것
입니다. 그래서 언제나 지배자들은 토론과 학습을, 단결
과 행동을 감시하고 불온하다는 족쇄를 채우려 합니다.
일제강점기 치안유지법이 해방 후에 국가보안법으로 용
도 변경되는 것이 가장 전형적인 형태입니다. 그들은 항
상 '아는 것이 병'이라고 말합니다. 하지만 언제나 '아는
것은 힘'입니다.

그래서 영국의 노동자들은 가만히 있을 수 없었지요.
기계를 파괴하는 등 격렬한 저항을 하자 견디지 못한 사용
자들이 내놓은 법이 '단결 완화법(1824년)'이었습니다.
이는 노동자 단결 금지법을 폐지한 것입니다. 하지만 그
냥 물러나면 자본이라 할 수 있겠습니까? 그때 처음으로
'노동자의 단결과 실천으로 인해서 이윤이 적게 났다면
노동자가 민사상 손해배상의 대상이 된다'는 내용을 만들
었던 것입니다.

당시의 일터는 정말 참혹했습니다. 보다 못한 지식인과
양심 있는 사용자들이 노동자들의 참혹한 현실을 동정하
며 내놓은 노동법이 5차례나 개정된 '공장법'입니다.
1802년에 처음 만들어진 공장법을 보면 당시의 상황을 금
방 알 수 있습니다.

"공장안의 청소를 주기적으로 실시하고 적당한 환기 설비를 갖춰야 한다"

"아동에게 의복을 지급해야 한다"

"아동의 노동시간을 하루 12시간 내로 제한하고 야간 작업을 금지해야 한다"

"노동시간 중에 4시간을 읽기, 쓰기, 셈하기를 가르쳐야 한다"

공장법의 개정을 통해 노동시간은 무한정에서 1833년 12시간, 1847년 10시간 그리고 1890년대 넘어 8시간으로 줄어들기 시작했던 것입니다. 공장법은 근로기준법의 전신입니다.

이렇게 시작한 공장법이 근로기준법이라는 현재의 노동법으로 되는 과정 자체가 바로 민주주의와 인권이 높아지는 과정이었습니다. 민주주의와 인권은 처음부터 주어진 것이 아닙니다. 노동자 민중들의 끊임 없는 투쟁을 통해 사용자들에게 양보를 강요하며 조금씩 밀고 온 것입니다.

노동조합이 불법 상태로 존재하다가 합법화 된 시기는 1871년 노동조합법(노조법)이 생기면서부터입니다. 노동조합을 만드는 것이 범죄행위였다가 노조법이 생기면서 형사상 면책권이 생긴 것입니다. 하지만 1926년까지 파업은 불법이었습니다. 1929년 대공황 이후 수많은 곡절을 통해 1948년 처음으로 파업이 합법화됩니다.

자본가들이 봉건제를 뒤집고 만든 민주주의는 지주와 성직자 그리고 돈을 가진 부유한 남성들만의 민주주의였습니다. 우리가 알고 있는 보통선거, 비밀선거 등도 노동자들의 요구와 파업을 통해 만들어진 것입니다. 차티스트 운동의 주역 역시 노동자였습니다. 민주주의가 이러한 보편적인 민주주의로 가는 과정이 노동법의 변천 과정이기도 한 것입니다.

유럽에서는 노동조합을 대하는 태도를 보고 그 사회의 민주와 인권의 정도를 판단하기도 합니다. 프랑스에서 노숙자들이 파리 신축 청사를 점거해 농성을 한 적이 있다고 합니다. 그러자 파리 시청이 맨 처음 한 것은 전기와 수도를 공급하는 일이었습니다. 신축 중이라 전기와 수도시설이 없었던 것이지요. 현대에서 사람이 살아가는 데 전기와 수도는 필수라는 것입니다. 하지만 우리나라는 아직도 노동자들이 너무 서럽고 분해서 점거 농성을 하면 맨 처음 농성장의 전기와 수도를 끊습니다. 참 한심한 인권의식입니다. 파업했다고 구속시키는 사회는 아직 민주주의가 아니라는 말도 있습니다.

4 한국 노동법의 역사

한국에 자본주의가 도입된 것은 일제강점기입니다. 하지만 식민지에서 인권을 말하는 노동법이 있을 수 없었지요. 이것만 봐도 일제강점기는 인간의 지옥이었는데 일제강점기에 특별한 의미를 부여하려는 일부의 사람들을 보면 참 어처구니없습니다.

일제강점기 노동법을 대체한 것은 치안유지법, 정치범처벌법, 예비검속법 등입니다. 가두고, 감시하고, 탄압하는 것이 저들이 우리 노동자 민중에게 해준 것의 전부였습니다.

근대적인 의미에서 노동법이 처음 만들어진 것은 이승만 정권 시기입니다. 1947년 헌법 제18조에 노동3권과 노동자의 이익균점권 규정이 생겼고, 법률로는 1953년에 노동조합법, 노동쟁의조정법, 노동위원회법, 근로기준법이 만들어집니다. 이때의 법률은 맥아더 군정에 의해 만들어진 일본의 노동법을 그대로 모방한 것이라고 합니다.

이렇게 만들어진 노동법의 가장 큰 문제는 법을 제정한 이후 바로 권력과 자본에 의해 법 자체가 뇌사腦死되었다는 것입니다. 법 집행 의지가 전무한 상황에서 법은 그저 장식물에 불과했던 것입니다. 죽은 법이 부활하기 위해 또 다른 역사가 필요했습니다.

노동법의 변천 과정을 역사적으로 살펴보면 일관된 특징이 나옵니다. 민주화가 진전되면 노동법이 좋아집니다. 하지만 민주화가 퇴행하고 군대나 자본의 일방적인 독재가 진행되면 노동법은 현격하게 후퇴합니다.

5·16 군사쿠데타로 집권한 박정희 정권은 1963년 국가재건최고회의를 통해 노동법을 개악합니다. 그 내용은 노동자의 자유로운 단결권을 부정하는 복수노조 금지조항(지금도 그대로 유지되고 있습니다), 조합설립 심사주의(노조 설립은 노동자의 자유롭고 자주적인 것이면 되는데 이를 행정관청이 심사하는 것은 있을 수 없는 것입니다), 노동조합의 활동을 제약하는 노조의 정치활동 금지, 쟁의행위를 축소시키는 임시총회 소집권자 행정관청 지명, 산업별 조합 형태의 강제(이는 현장에서 구체적인 요구로 일어나는 투쟁을 상급단체의 승인을 받고 하라는 아주 관료적인 관행을 법제화한 것입니다), 공익사업 범위 확대(공공 부문은 쟁의행위가 제한되고 있습니다. 선생님과 공무원에 대한 단체행동권 부정 등이 그 대표적인 모습입니다), 노동쟁의 발생 신고에 대해 노동위원회의 적법심사권 부여, 긴급조정제도 신설 등입니다.

박정희 정권의 노동법 개악은 철권통치를 선포한 유신

시대에 더욱 심해집니다. 1972년 10월 유신헌법을 개정하면서 헌법상의 노동3권을 법률에 의해 제한합니다. 공무원 등 공공부문 노동자들의 단체행동권 제한, 노사협의회 기능과 노동조합 기능의 분리, 노동쟁의의 총회결의 조항 삽입, 쟁의 적법심사와 알선·조정·중재권을 행정관청으로 이관(이 제도의 대부분이 아직도 존재합니다) 등이 그것입니다.

5월 광주의 학살자 전두환 정권 시절에도 노동법의 개악은 계속됩니다. 1980년 12월 국가보위입법회의를 통해 제3자개입 금지조항 신설, 종업원의 30인 이상 또는 1/5 이상의 찬성으로 노조설립 가능, 단체교섭 3자위임 금지, 행정관청의 단체협약 변경·취소권, 냉각기간 연장(20일에서 30일로), 불법쟁의 처벌조항 강화, 일반 사업장도 강제중재 가능, 기업별 단위노조 강제, 노조 임원은 1년 이상 근무자만 가능 등이 그것입니다.

한국의 노동법은 제정 이후 뇌사상태였습니다. 노동법의 부활은 "노동자도 인간이다. 근로기준법을 준수하라"고 외쳤던 전태일 열사의 희생을 필요로 했습니다. 전태일 열사는 우리나라 노동운동의 상징일 뿐 아니라 우리 사회 인권 신장의 뿌리이기도 한 것입니다.

개악改惡만 되던 노동법이 처음으로 개정改正되기 시작한 것은 1980년 광주의 염원을 이은 1987년 6월항쟁, 7·8·9월 노동자대투쟁의 힘이었습니다. 1987년 11월에 기업별 노조 강제규정 삭제, 1년 이상 근무자에 한하던 노조 임원 자격제한 폐지, 행정관청의 해산 및 임원개선명령권 삭제, 유니온 숍 복원, 냉각기간 축소(20일에서 10일로), 임금채권 최우선 변제(3개월), 근로기준법 적용 10인 이상 사업장으로 확대, 남녀고용평등법 제정 등이 그것입니다.

이후 1989년 3월 29일 여소야대 국회에서 근로기준법, 노동조합법, 노동쟁의조정법을 개정합니다. 근로기준법의 임금채권 최우선 변제 범위 확대(퇴직금, 재해보상금), 노동시간 단축(주 44시간제) 등의 개정을 결의했으나 당시 군사독재를 연장한 노태우 정권은 공무원 노조 인정 등을 포함한 노동조합법과 노동쟁의조정법 개정에 대한 거부권을 행사하여 달성되지 못했습니다.

이후 김영삼의 문민정부, 김대중의 국민의 정부, 노무현의 참여정부를 거치면서 좋은 노동법 개정을 바랐습니다. 그러나 민주주의와 개혁을 앞세운 노동자 민중의 기대는 너무나 처참하게 무너졌습니다. 엄청난 후퇴가 강요되었기 때문입니다. 고용불안을 가중시키는 것을 '노동시간 유연화'라 말하면서 노동법의 가장 큰 특징인 사회법의 원리를 부정했습니다. 노조 상근 활동가의 임금을 부정하는 것도, 기업 인수합병 시 정리해고제를 도입한 것도, '근로자파견제'를 도입한 것도 명백한 노동법의 개악이며 후퇴입니다. 특히 비정규직을 보호한다는 명목으로 만들어진 노무현 정권의 비정규직법은 최소한의 고용안

정도 부정하는 것이 되고 말았습니다. 사람을 위한 노동법이 아니라 '기업하기 좋은 나라'를 위한 노동법 개정의 필연적인 결과입니다.

군사독재 시절에는 총칼을 통해 인권과 인간 존엄성의 가치가 부정되었고, 최근에는 총칼 대신에 돈을 앞세워 그 가치를 부정하고 있는 것입니다.

노동과 인권을 위한 좋은 말씀 2 - 마르크스

"노동자들의 인간적인 삶은 누구에 의해 대신 마련되는 것이 아니다. 오직 노동자 자신이 만들어 가는 것이다. 노동자들의 세상은 결코 자기 계급의 특권이나 독점을 위한 투쟁이 아니라, 모든 사람이 권리 및 의무가 평등하게 주어지고 모든 형태의 수직적 지배를 종식시키는 투쟁이다. 노동자의 사회는 전반적인 생산을 사회가 조절하기 때문에 사냥꾼, 어부, 양치기 혹은 비판가가 되지 않고서도 내가 마음먹은 대로 오늘은 이것을, 내일은 저것을, 곧 아침에는 사냥을, 오후에는 낚시를, 저녁에는 목축을, 밤에는 비판을 할 수 있게 된다. 그 사회는 자주적이고 자유로운 사람들의 존중과 존경을 가지고 구성된 공동체다."

5 헌법이 보장하는 노동권과 노동3권

헌법에 노동기본권을 규정하고 있다는 것은 아주 중요한 의미를 지닙니다.

첫 번째로 노동권이 헌법적 권리라는 것입니다. 그러므로 하위법인 법률에 의해 쉽게 제한을 두면 안 된다는 것을 의미합니다.

두 번째로 노동3권을 보장하는 것이 국가의 의무임을 밝혀줍니다. 세계를 바라보는 각자의 이해와 입장이 달라 서로 충돌하는 것은 어쩌면 당연한 것일 수 있습니다. 노동법의 어떤 조항을 두고 다툼이 있다면 그 최종 기준을 헌법으로 규정하고 있으니 판단의 근거로 삼으라는 것입니다.

세 번째로는 모든 국민들은 노동3권을 당연한 권리로 누리고 존중해야 한다는 것입니다.

그러면 우리 헌법은 어떻게 되어 있을까요.

1) 누구나 일할 수 있는 권리가 있어요

우리나라는 '노동'을 '근로'라고 표현하고 있습니다. 원래 노동이 정확한 개념인데 분단과 독재에 의해 노동은 불온한 단어로 매도되어 근로라는 단어로 대체되어 사용된 것입니다. 마치 우리말 '동무'라는 말이 북에서 사용한다고 한자어 '친구'를 주로 쓰는 것처럼 말입니다.

헌법 제32조 제1항은 "모든 국민은 근로의 권리를 가진다"고 규정하고 있습니다. 이 조항에 담겨져 있는 권리를 흔히 '노동(근로)권'이라고 합니다. 한마디로 '일하고 싶은 사람은 일을 할 수 있어야 한다'는 것입니다.

여기서 중요한 것은 권리라는 것입니다. 우리나라 사람들은 권리의식이 약합니다. 어려서부터 '~하지 마라', '~말씀 잘 들어라'라는 부정과 복종의 말만 주로 듣고 살아온 탓입니다. 그래서 국민의 4대 의무는 쉽게 들었어도 국민의 4대 권리는 들어 본 적이 없습니다. 그런데 의무는 권리가 있기 때문에 부여되는 것입니다. 마찬가지로 권리는 의무를 수반합니다. 노동권이 권리인 것은 나라와 사회가 각 개인에게 일을 할 수 있도록 조건을 마련해 줘야할 의무가 있다는 뜻입니다.

요즘 가장 심각한 사회문제 중 하나가 취직난입니다. 그만큼 실업자가 많다는 것입니다. 실업 상태인 분들 중 자신의 상태가 개인 능력의 문제라고 생각하는 경우는 많아도, '일할 의욕이 있는 나를 취직시키지 못하는 나라와 사회의 무능이나 무책임'의 문제로 생각하는 사람은 아주 적습니다. 그러나 우리나라 헌법에는 자신의 일을 갖는 것이 국민의 권리라고 명시되어 있습니다. 일자리를 갖는 것은 헌법이 보장하는 당당한 권리일 뿐 아니라, 그 권리가 충족되지 않을 때 그 1차적 책임을 개인이 아니라 국가가 져야 한다는 것입니다.

그래서 국가는 일자리를 보장하기 위해 노력하고, 일자리를 보장하지 못할 때는 인간의 존엄성이 지켜질 수 있는 최소한의 생활 조건을 책임지게 되어 있습니다. 이에 따라 국가는 일자리 창출, 실업 대책 그리고 실업자들에 대한 사회보장 등의 의무를 지게 되는 것입니다.

사회보장에 대한 책임이 국가의 의무가 아니라 마치 국가가 무능한 국민들에게 시혜를 베푼다는 식의 생각이나, 실업이나 빈곤을 사회의 문제가 아니라 개인의 능력 문제로 돌리는 것 등은 전부 헌법의 기본 취지를 부정하는 잘못된 인식들입니다.

이어 헌법 제32조 3항에는 "근로조건의 기준은 인간의 존엄성을 보장하도록 법률로 정한다"라고 되어 있습니다. 그러면 인간의 존엄성이 보장되는 조건은 어느 정도일까요. 이것의 첫 번째 기준이 이른바 최저임금입니다. 매년 최저임금을 정하는 뉴스를 보면 노사 간의 대립이 치열합니다. 사용자는 당연히 적게 주고 싶어합니다. 이것은 인간 존엄성의 기준을 축소하는 것입니다. 노동자는 많이 받고 싶습니다. 인간 존엄성의 높이를 키우고 싶은 것입니다. 이런 노사 간의 대립에서 누가 이겨야 하겠습니까? 그래서 노조를 만들고 노동법을 배우는 것은 실상 인간의 존엄성을 높이는 것임을 다시 확인 할 수 있습니다.

2) 노동3권 보장은 국가의 의무입니다

우리나라 헌법 제33조 제1항은 "근로자는 근로조건의 향상을 위하여 자주적인 단결권, 단체교섭권, 단체행동권을 가진다"고 규정하고 있습니다.

① 단결권

단결권은 노동자들이 자본가와 대등하게 교섭할 수 있도록 노동조합을 자유롭게 조직할 수 있는 권리를 말합니다.

여기서 중요한 것은 노조를 만들 권리, 즉 단결권이 노동자들의 자유롭고 자주적인 선택이라는 것입니다. 자유롭게 노조를 만들고 자주적으로 회사나 정부를 대하고 민주적으로 운영하는 것이 노조의 본 모습입니다. 하지만 현실에서는 '자유롭고 자주적인' 노조의 설립과 활동이 사용자들의 몰이해와 혐오로 쉽지 않습니다. 일부 기업에서 '무노조 경영'을 자랑하기도 하는데 그들은 이런 말이

위헌임을 모르는 모양입니다. 헌법을 무시하는 것은 나라의 토대를 부정하는 것입니다. 그런데 그것이 부끄러움이 아니라 마치 자랑인 듯 여기는 사회는 민주적 상식을 저버린 사회일 뿐입니다.

② 단체교섭권

단체교섭권은 노동자들이 자신들에게 불리한 개별적 교섭 대신에 노동조합을 통하여 집단적으로 교섭할 수 있는 권리를 말합니다.

노동자들은 개인으로는 약하기 때문에 집단을 구성하려고 합니다. 사용자들은 반대로 노동자들을 개별화해서 인사관리를 쉽게 하려고 합니다. 사회적으로 절대 약자인 노동자들이 개별적으로 회사와 교섭을 하는 경우 백전백패할 수밖에 없습니다. 그래서 우리나라 헌법은 노조를 만들어 노사가 최소한의 균형을 가져야 한다고 규정한 것입니다. 일부에서 개인 연봉제나 개별 성과급 등을 선호하기도 하는데, 이것은 소수 개인의 이해를 위해 전체 노동자가 약해지는 과정이므로 노동자적 입장에서는 결코 좋은 결과를 낼 수 없습니다.

③ 단체행동권

단체행동권은 노동자들이 자신들의 요구가 관철되지 않을 경우에 집단적으로 작업을 거부하는 등 실력 행사를 할 수 있는 권리를 말합니다.

　박노해 시인이 쓴 「진짜 노동자」라는 시를 한번 봅시다.

　　이 땅에 노동자로 태어나서
　　생각도 못하고 사는 놈은 죽은 송장이여
　　말도 못하는 놈은 썩은 괴기여
　　테레비만 좋아라 믿는 놈은 얼빠진 놈
　　이빨만 가는 놈은 좆도 헛물
　　실천하는 사람,
　　동료들 속에서 살아 움직이며, 실천하는 노동자만이
　　진실로 인간이제
　　진짜 노동자이제

　　비암이라고 다 비암이 아니여
　　독이 있어야 비암이지
　　쎈방이라고 다 쎈방이지 아녀
　　바이트가 달려야 쎈방이지
　　노동자라고 다 노동자가 아니제
　　동료와 어깨를 꼭 끼고 성큼성큼 나아가
　　불도쟈 밀어제껴 우리 것 찾아 담는
　　포크레인 삽날 정도는 되아야
　　진짜 노동자지

　　　　—박노해, 「진짜 노동자」

뱀의 독니, 선반의 바이트, 포클레인의 삽날에 해당하는 것이 바로 단체행동권, 즉 '파업권'입니다. 우리나라는 파업을 하면 대뜸 국민이 불편해진다고 보도합니다. 경제적 손실이 얼마라며 호들갑을 떱니다. 부당한 탄압으로 불편한 정도를 넘어서 죽음으로 몰리는 사람들, 그리고 비인간적인 착취와 부정부패 등으로 국민들이 입어야 하는 역사적 손실에 대해서는 눈감으면서 말입니다.

일제강점기에 경찰들은 독립운동가보다 그들의 가족과 친척들을 더 독하게 괴롭혔습니다. '모난 돌이 정 맞고, 나서봤자 너만 손해고, 식구만 괴롭다'는 것을 보여줘서 독립운동을 스스로 포기하게 만들려는 술책이었습니다. 마찬가지로 정당한 파업을 마치 국민을 불편하게 하고 괴롭히는 불필요한 것으로 만들고 있습니다. 하지만 앞에서도 말했던 것처럼 파업은 헌법이 보장하는 기초 권리입니다. 잠깐의 불편을 이유로 파업을 혐오하거나 반대하는 것은 헌법의 기초 권리를 부정하는 것이고, 그것은 바로 국민 전체의 기본권이 기업의 이익에 희생당하는 과정인 것입니다.

노동3권은 단결권, 단체교섭권, 단체행동권이라고 했습니다. 그런데 선생님이나 공무원들에게는 단체행동권을 주지 않았습니다. 헌법에는 분명히 노동3권이라 명시되어 있는데 왜 노동2권만 주는 것일까요. 사실은 이런 것도 우리나라가 아직 헌법에 규정된 노동권을 인정하지 않으려는 후진적인 수준에 있음을 스스로 고백하는 것입니다. 노동3권은 나눠질 수 없는 것입니다. 사람을 머리와 팔다리, 몸으로 구분할 수는 있어도 이를 잘라 따로따로 두고 사람이라고 할 수 없듯이 말입니다.

노동과 인권을 위한 좋은 말씀 4 - 속담들

"하고 싶은 일에는 방법이 보이고, 하기 싫은 일에는 변명이 보인다." —**필리핀 속담**

"모든 노동은 인간을 고결하게 한다. 어린이에게 일하는 즐거움을 가르치지 않으면 그를 미래의 약탈자로 만들 것이다" —「**탈무드**」

문재훈의 노동상담실

공무원은 노동자가 아닌가요?

시골에서 공무원으로 일하는 동생이 전화를 했습니다. '왜 공무원은 노동자가 아니냐'고…….

우리나라 헌법 제33조 2항은 "공무원인 근로자는 법률이 정하는 자에 한하여 단결권·단체교섭권 및 단체행동권을 가진다"고 하여 공무원도 근로자, 즉 노동자임을 분명히 하고 있습니다. 다만 그 권리를 한정하고 있을 뿐입니다. 그러니 '선생님과 공무원이 무슨 노동자냐'는 말은 몰상식한 것입니다. 하지만 왜 공무원은 법에 의해 노동자의 권리를 제한받아야 하나요.

우리나라 헌법재판소는 2008년 4월에 다시 한 번 "공무원 (교사)의 선거운동·노동3권 제한은 합헌"이라고 판결했습니다. 2004년에 공무원노조에서 "공무원의 정치활동과 집단행위를 포괄적으로 금지한 법 조항들은 과잉금지원칙에 위배"된다는 헌법소원을 했는데 무려 4년이 지나서 판결을 내린 것입니다.

이런 판단은 헌법 제33조 2항에 "법률이 정하는 자에 한하여" 제한한다는 규정에 의해 공무원 일반이 노동3권을 지니는 것에 헌법적 제한을 가지고 있으며 이것에 의해 제정된 지방공무원법 제58조 1항에서 '노동운동 기타 공무 이외의 일을 위한 집단행위'를 해서되는 안 된다는 규정이 적법하다는 것입니다.

재판부는 또 공무원의 노동3권을 제한한다는 비판을 받아

온 지방공무원법 제58조 제1항에 대해 "헌법 제33조 제2항에 '공무원은 법률이 정하는 자만이 노동3권을 가진다'고 돼 있어 합헌"이라고 결정했습니다. 지방공무원법은 지방공무원 중 사실상 노무에 종사하는 공무원을 빼고는 공무 이외의 집단행위를 해서는 안 된다고 규정하고 있습니다.

하지만 국제노동기구(ILO)도 2007년 6월에 한국정부에 대해 "공무원노조법을 통해 공무원노조의 정치활동 일체를 금지한 것은 결사의 자유 원칙과 양립하지 않고, 실제적으로 비현실적"이라며 "공무원노조가 조합원들의 권익에 직접적인 영향을 주는 경제적·사회적 문제에 대해 자신의 입장을 공개적으로 표명할 수 있도록 할 것을 요청한다"고 권고하며 현재 노동3권에 대한 제한인 국제적인 기준에 비해 한참 뒤떨어지는 것이라고 지적한 바 있습니다. 특히 "파업권 제약 범위가 너무 넓다"고 분명하게 지적하고 있습니다.

사람의 몸을 머리 몸통 팔다리로 나누어 부를 수는 있어도 그것을 하나하나 잘라낼 수는 없습니다. 생명은 하나의 유기적인 존재이기 때문입니다. 노동3권도 나누어 부를 수는 있어도 분리 제한하여 노동 2권 운운하는 것은 실상 노동3권 자체를 부정하는 것입니다. 즉, 본래 법 취지를 부정하게 된다는 것입니다. 그런데도 노동3권이 부정되고 그것이 적법하고 합헌하다는 판결을 내리는 것은 아직도 우리나라 법조계의 법에 대한 이해가 일제강점기 이후 독재시대로 이어진 '노동의 신성함과 인간의 존엄성'에 대한 빈약한 인식과 철학에 머물러 있음을 보여 줍니다.

6 상식으로 알아야 할 근로기준법

　근로기준법은 노동자의 인간다운 생활을 보장하기 위해 노동조건의 최저 기준을 정하고 있는 법입니다. 이 법은 헌법 제34조 1항의 "모든 국민은 인간다운 생활을 할 권리를 가진다"는 것과, 헌법 제32조 3항의 "근로조건의 기준은 인간의 존엄성을 보장하도록 법률로 정한다"는 규정을 기초로 하여 만들어졌습니다.

　인간의 존엄성을 보장하기 위해 노동조건을 구체적으로 규정한 법인 근로기준법의 또 다른 특징은 '최저 기준'이라는 것입니다. 근로기준법 이하의 조건은 비인간적 취급을 받는 것이며, 이 법을 준수하는 것조차 최저 기준일 뿐입니다. 1970년 전태일 열사가 평화시장에서 "근로기준법을 준수하라"고 외치며 분신을 했는데, 그의 주장이 엄청난 대우를 원한 것이 아니라 최소한의 인간적 대우를 요구했던 것임을 알 수 있습니다.

　근로기준법의 필요성은 노사 간의 개별적 근로계약이 일반적으로 불평등을 발생시킨다는 현실을 반영한 것입니다. 경제적·사회적 약자인 노동자를 보호하기 위해서는 국가의 직접적인 보호가 필요한 것입니다.

1) 인간 존엄성의 최저 기준, 근로기준법

근로기준법은 인간의 존엄성을 보장하는 생존권을 보호하기 위해 만들어진 법률입니다. 앞에서 말한 것처럼 근로기준법은 최저 기준일 뿐입니다. 이보다 낮은 노동조건에서 일을 하는 것은 사람이 아니라 짐승이라는 것입니다. 그러니 당연히 근로기준법을 이유로 노동조건을 저하시키는 일은 있을 수 없습니다.

사용자들이 이윤에 집착해서 노동법을 위반하는 것은 인간의 최저 기준조차 지키지 않았다는 것이며, 다른 사람을 짐승 취급하여 스스로도 짐승이 되는 것임을 기억하지 않으면 안 됩니다.

노동조건은 노사가 동등한 지위에서 자유롭게 결정해야 한다고 합니다. 직장을 다니다보면 회사의 방침이라며 일방적으로 통보하는 것이 여럿 있는데, 이런 것들은 근로기준법 제3조인 '대등하고 자유로운 결정'을 부정하는 불법입니다. 그래서 노동조건이 불합리하게 바뀌고 이것이 강요될 때, 노동자들이 이를 거부하면 효력이 발생되지 않는 것입니다.

또한 근로기준법은 '균등처우' 조항을 두어 합리적인

이유가 없는 일체의 차별을 금지하고 있습니다. 특히 여성에 대한 차별, 국적·신앙·사회적 신분에 의한 차별을 엄격하게 금지하고 있습니다. 물론 현실에서는 여성이 차별을 받고, 이주노동자들이 차별을 받고 있습니다. 아직 한국 사회가 최소한의 인간적인 사회가 아님을 보여주는 부끄러운 현실입니다.

강제 노동, 폭행, 중간착취가 금지되고 공민권(선거권 법적 구제 활동) 등이 보장됩니다. 비정규직이나 파견직 노동자들의 경우 중간착취를 당하고 있는 것이 분명해 보이는데, '기업하기 좋은 나라'에서는 이상하게도 이런 명백한 불법이 보이지 않나 봅니다.

근로기준법은 누구에게나 똑같이 적용되어야 합니다. 하지만 일부 조항을 제외하면 적용 범위가 5인 이상 근무하는 작업장으로 한정되어 있습니다. 이는 5인 이하의 영세한 사업장들의 경우 사업주가 최소한의 기준마저 지킬 수 없는 조건이라고 보는 것입니다. 그런데 현실에서는 5인 이하 작업장에 근무하는 분들이 전체 노동자의 10% 이상이고, 그 어느 곳보다 노동조건이 열악한 것을 감안할 때 참으로 이해할 수 없는 악법 조항이라 할 수 있습니다.

2) 누가 노동자인가요

노동법에서는 노동자를 "직업의 종류를 불문하고 사업 또는 사업장에 임금을 목적으로 근로를 제공하는 자"라고 말하고 있습니다. 노동자에 대한 이런 규정은 굉장히 좁은 개념 규정입니다. 당장 노동조합법을 보더라도 알 수 있듯이 실업자 등도 노동자에 해당되기 때문입니다.

노동을 제공하는 사람이 노동자입니다. 더 정확하게 말하면 노동자는 노동을 제공하는 것이 아니라 노동력을 제공하는 사람입니다. 노동의 3요소가 노동의 대상, 노동의 수단 그리고 노동력인데 이중에서 우리 노동자가 가진 것은 노동력이기 때문입니다. 하지만 노동법은 '노동'을 제공한다고 되어 있습니다. '사용자의 지휘 감독 하에 종속적 노동을 하는 자'라는 것입니다.

현실적으로 임금을 목적으로 사용자의 통제를 받는 사람은 모두 노동자입니다. 구체적으로 출퇴근 시간이 정해져 있고 업무 명령이나 인사 결정권이 회사에게 있는 등 실질적 지휘 감독을 받으면 다 노동자입니다. 월급쟁이들, 출퇴근하는 이들, 자기 사업이 아니라 시켜서 하는 일을 하는 모든 이가 노동자인 것입니다.

노동자가 되는 것이, 허가가 필요한 사회는 정상적인 사회라고 할 수 없습니다. 그런데 이상하게도 최근에 '특수고용직 노동자'라는 말이 돌고 있습니다. 노동자인데 노동자가 아니라는 것입니다. 사회적 화두가 되고 있는 비정규직 문제나, 이런 식의 위장된 노동의 관계는 일하는 사람에 대한 책임은 없이 권리만 누리려는 자본의 입장이 관철된 것입니다. 노동자를 노동자가 아니라고 하여 결국 '인간의 존엄성을 보장하는 최저 조건'조차 박탈하는 야만적인 행위를 하고 있는 것입니다. 노동자 되기가 이렇게 힘든 것인 줄 예전엔 미처 몰랐다고 할까요.

노동자의 반대 개념에 사용자가 놓여 있습니다. '사업주 또는 사업경영담당자 기타 근로자에 대하여 사업주를 위하여 행위 하는 자'가 사용자입니다. 사업주, 전문 경영인, 주식회사의 이사나 감사, 공장장, 현장 소장 등이 사용자입니다.

근로기준법과 노동조합법에서 노동자의 정의가 다르다고 했는데, 노동조합법에서는 회사의 노무관리 부서, 총무·경리 부서 등은 노조를 구성하는 노동자에 포함되지 않습니다. 하지만 이들도 근로기준법 상에서는 노동자입니다. 근로기준법은 '인간의 존엄성을 보장하는 최저 조건'이기 때문에 더 포괄적인 것입니다.

법을 통한 노동자의 개념보다 중요한 것이 있습니다. 그것은 본래의 노동 자체를 이해하는 것입니다. 노동이란 사람이 목적과 의식을 가지고 행하는 모든 물질적·정신적 행위입니다. 노동은 구상하고 실행하고 또 사용하는 전 과정을 합한 인간의 창조 행위입니다. 하지만 언제부터인가(계급이 발생하면서) 구상과 실행과 누림이 각기 다르게 분리되어 나타나고 있습니다. 그리고 그중 기획도 남이 하고, 만들어진 것을 소유하고 누리는 것도 남이 하는 상태에서 실행만 하는 노동이 되었습니다. 그래서 보람과 기쁨이 있는 노동의 본래 성격은 사라지고 지겹고 힘들어 벗어나야 하는 것으로 왜곡되어 있습니다. 이런 노동을 소외된 노동이라고 합니다.

노동자가 보람과 기쁨으로 노동할 수 없는 현실에서 노동자들은 단결하고 투쟁해야 합니다. 그런 노력을 통해 세상을 만들고 움직이고 또 발전시키는, 다수자이며 창조자이고 역사의 주인이 바로 노동자입니다. 노동과 노동자라는 말이 뿌듯한 자부심이 되는 사회가 좋은 사회입니다.

문재훈의 노동 상담실

학원 강사도 노동권을 인정받을 수 있나요?

학원 강사인 분이 자기가 노동자인지 아닌지를 질문해 왔습니다. 이 질문에 답하기 전에 조금 다른 얘기를 먼저 하도록 하겠습니다.

최근에 화물연대의 파업이 국민들의 지지 속에 진행된 바 있습니다. 그런데 노동자들의 파업에 노동부가 전혀 대응을 하지 않았습니다. 신문기자가 이상해서 문의를 하니 노동부는 '화물연대 운전기사는 노동자가 아니기 때문에 우리 노동부 관할이 아니다'라고 답했다 합니다. 파업이란 노동자가 하는 근로 제공의 거부입니다. 분명히 화물연대는 '파업'을 하는데 왜 노동부는 아니라고 할까요.

현재 대부분의 우리나라 화물 차량은 개인 소유로 되어 있습니다. 자기 차를 가지고 회사의 지시에 의해 일을 하는 형태입니다. 그래서 회사는 근로계약이 아니라 사업계약을 합니다. 즉, 형식적으로 화물연대 노동자들은 1인 회사의 사장인 셈입니다. 그래서 정부와 사용자들은 그들이 노동자가 아니라고 하는 것입니다. 반면에 노동계에서는 "고용계약은 하지 않았지만 특정 사업자의 사업에 편입하거나 상시적 업무를 위해 노동력을 제공하고 대가를 얻어 생활하기 때문에 명백한 근로자"라고 주장합니다.

원래 노동법은 그 형식보다는 실질 관계를 중시합니다. 왜냐하면 현실적으로 노동자보다 사용자가 사회적 강자이기 때문에 형식을 유리하게 강요할 수 있기 때문입니다. 그래서 전 노무현 대통령은 특수고용직 노동자의 노동자성 인정을 공약으로 내놓기도 했습니다. 하지만 현실에서는 재판부가 이를 인정하지 않고 있어 법적 권리를 전혀 보장받지 못하고 있습니다. 이들이 바로 화물운송 종사자, 학습지 교사, 학원 강사, 보험설계사, 골프장 경기보조원, 퀵서비스 기사, 대리운전사, 검침원, 식음료 배달원 노동자들입니다.

사용자와 정부가 이들의 노동권을 인정하지 않는 이유는 무엇일까요? 간단하게 말해서 그들에게 노동자성을 부여하면 4대보험 등에 대한 부담이 커진다는 것과, 노동조합을 만들어 단체행동과 교섭을 할 수 있어 싫다는 것이 그 이유입니다. 그런데 노동법에서 보장하고 있는 것이 인간의 최저 기준에 불과하다는 점과 노동조합이 헌법적 권리라는 것을 상정한다면, 우리나라는 아직도 정부가 헌법을 무시하는 행태를 지속하고 있는 것입니다.

업무에 대한 지시·명령·통제를 받고 임금을 받으며, 무엇보다 출퇴근 등에 대한 규제가 있다면 모두가 노동자입니다. 그런데 노동자라는 이름을 주지 않는 이유가 무엇일까요. 그것은 민법이나 형법보다는 상대적으로 노동법이 일하는 사람에게 더 많은 권리를 주기 때문입니다. 권리라고 해도 최저 수준에 불과한 것이지만 말입니다. 그런데도 그런 최저 기준마저 지키기 싫어 노동자성을 인정하지 않는 것입니다.

3) 얼마를 일해야 최소한의 인간 존엄성이 보장될까
   —노동시간

① 노동시간

1800년대만 하더라도 영국에서는 하루 18시간 이상 일을 했다고 합니다. 이것에 저항하면서 하루 24시간 중 8시간 일하고, 8시간 생활을 갖고, 8시간은 잠을 자자는 하루 8시간 노동제가 상식화 되었습니다. 최근 프랑스의 경우는 하루 7시간, 주 35시간 일을 하고 있습니다. 우리나라의 경우 하루 8시간, 주 40시간을 일하는 것이 최소한의 인간 존엄성이 보장되는 노동시간이라고 합니다. 우리가 프랑스 국민보다 조금 더 값이 싼 사람들인 모양입니다.

하지만 실제 주 40시간을 일하는 사람은 없습니다. 노동부의 조사만 보아도 여전히 48시간 이상을 일하고 있습니다. 실제로 서울 가산디지털단지에서 일하는 노동자들의 노동시간을 조사해보니 56시간 이상을 일하고 있었습니다.

우리나라 사람은 '일할 수 있을 때 벌자' 며 장시간 노동이나 저임금 노동을 참아가며 일을 하는 경향이 있습니다. 또 야근이나 밤샘 일이 마치 유능하고 성실한 것의 표상인 양 생각하는 직업 문화가 횡행합니다. 이른바 벤처기업 열풍 이후 출퇴근 시간이 아예 없는 경우도 많습니다. 그래서 유행했던 말이 '월화수목금금금' 이라는 말입

니다. 토요일과 일요일, 즉 휴일이 사라진 세태를 꼬집고
있습니다.

대체적으로 한국 사람들은 일을 잘하고 오래합니다. 외
국 사람들의 눈에 '일 중독자'로 보일 지경입니다. 밤샘
근무를 하는 것을 자랑처럼 선전하는 텔레비전 광고도 보
입니다. 일을 위해 사생활, 가족, 친지, 친구 관계가 다 생
략됩니다. 일은 사람이 행복하기 위해 하는 것입니다. 일
을 하는 것이 불행을 가져온다면 잘못된 것입니다. 휴가
도, 휴일도 반납하고 열심히 일했지만 정리해고를 당한
사람을 많이 보았습니다. 그들은 이중, 삼중의 고통을 받
게 됩니다. 직장도 잃고 가정도 잃고 건강도 잃기가 쉽기
때문입니다.

정상적으로 일을 해도 충분히 생활이 되는 세상이 필요
합니다. 그러기 위해 사회보장제도의 발전이 필수입니다.
하루 8시간 이외에 더 많은 노동을 하는 것, 그것을 근로
기준법에서는 시간외 노동이라 하여 정상적인 노동 급여
에 50%를 더해 지급해야 합니다. 시간외 노동이 아니더라
도 밤 10시에서 아침 6시까지 심야시간의 노동을 한 경우
에도 50%를 더해 지급해야 합니다. 휴일 노동을 했을 경
우에도 마찬가지입니다.

사용자의 입장에선 임금을 적게 주고 일을 많이 시키는
것이 이윤을 최대한 남기는 방법입니다. 일을 많이 시키
는 방법은 두 가지가 있습니다. 하나는 일하는 시간을 늘

리는 것이고 다른 하나는 같은 시간에 많은 양을 생산하게 하는 것입니다. 후자를 생산성 향상이라고 합니다. 초기에는 주로 일하는 시간을 늘려 하루 20시간까지 일을 시키기도 했습니다. 하지만 그렇게는 살 수 없는 것이 인간입니다. 자본 또한 그렇게 일을 시켜서는 지속적인 노동력을 구할 도리가 없습니다. 그래서 점차 노동시간을 적정하게 줄여 왔습니다. 유럽의 경우 보통 주 35~38시간을, 그리고 우리나라는 주 40시간, 하루 8시간제를 채택하고 있습니다.

이외에도 노동시간에 대한 다양한 조건들이 있습니다. 주당 노동시간을 2주 48시간 또는 56시간으로 확장하는 탄력적 근로시간제나, 출퇴근시간을 조절하는 선택적 근로시간제 등이 도입되어 있습니다. 그러나 이런 부대조건은 노동자의 입장에서 본다면 결코 좋은 것이 아닙니다. 탄력적 근로시간제는 추가 근로를 시키고도 연장근로수당을 지급하지 않아도 되고, 선택적 근로시간제는 출퇴근의 정규성이 흔들리기 때문입니다. 사람은 앞으로의 자기 삶을 예측하고, 현재의 일상을 규칙적으로 살아가는 것이 필요합니다. 생활리듬이 일정해야 한다는 것입니다. 그런데 이런 리듬이 불규칙한 노동시간으로 생활리듬이 깨지면 심신의 스트레스와 건강 약화는 물론 가족과의 일상적인 생활을 유지하기 어렵게 됩니다.

② 휴식 · 휴게

먼저 휴게시간이라는 것이 있습니다. 4시간 일을 하면 30분, 8시간이면 1시간 자유롭게 이용할 수 있는 휴게시간을 주어야 합니다. 이런 시간이 대부분 점심시간으로 사용되는데, 이는 불합리한 것입니다. 일하는 데 먹는 시간을 포함하지 않다니요.

또 휴일이 있습니다. 일주일 일하면 하루 24시간을 쉬는 주휴일이 그것입니다. 이 주휴일은 유급휴일입니다. 즉, 일을 하지 않아도 임금을 주어야 하는 것입니다. 만약 휴일에 노동을 하면 150%의 가산금이 붙어 250%의 일일 임금이 발생하게 됩니다.

그리고 휴가 제도가 있습니다. 월차 유급휴가, 연차 유급휴가가 있었는데 주5일제를 실시하면서 연차 유급휴가로 축소 · 통합되었습니다. 1년을 8할 이상 출근했을 때 발생되는 이 휴가는 개근 시 최초 1년에 15일 이상의 휴가일이 발생합니다. 이렇게 휴가를 부여하는 것은 사람은 휴식이 필요한 존재임을 인정하는 것입니다. 피로를 회복하고 정신적 · 육체적 휴양을 통해 문화적 생활의 향상을 기하려는 것입니다. 많은 이들이 아직도 휴가를 적은 임금을 보충하는 수당으로 받으려고 하는데 그것은 사실 정상적인 요구라고 할 수 없습니다. 휴가의 본뜻이 휴양인 만큼 푹 쉬는 것이 반드시 필요하고 부족한 임금은 법이 정한 시간 내에서 정상적인 상태로 확충되어야 합니다.

휴일이나 휴가는 일정한 시기 근무를 하면 법적으로 자동 발생되는 권리입니다. 하지만 사용에 있어서는 본질적으로 자유로우나 그 시기 등은 사용자와 상의가 되어야 합니다. 물론 아주 특별한 이유가 없다면 노동자의 휴가 신청은 당연히 수용되어야 합니다.

전 세계적으로 실업이 큰 문제라고 합니다. 일부에서는 20%가 열심히 일해서 80%를 먹이는 세상이라고 합니다. 실업 문제는 결국 임금은 적게 주고 이윤은 많이 내야 한다는 돈의 논리가 관철된 과정입니다. 노동시간을 줄이면 모든 사람이 일을 해서 함께 잘 사는 세상을 만들 수 있습니다. 미국의 어떤 유명한 경제학 박사의 계산에 의하면, 인간의 생산력 발전 수준을 감안했을 때 모든 사람이 함께 일을 한다고 가정하면 하루 2~4시간만 일을 해도 된다고 합니다. 지금 우리나라의 평균 근무시간은 대충 9시간 정도 됩니다. 이것을 위 사람의 주장대로 계산에 보면 1명이 약 3명분의 일을 하고 있는 것입니다. 이것을 2명분의 일로만 줄여도 지금보다 30%의 일자리가 더 발생할 수 있습니다. 이런 식의 창조적 상상력으로 구상되고 운영되는 인간적인 경제는 어디로 가고 말았는지 모르겠습니다.

운전 대기시간은 노동시간이 아닌가요?

버스기사 한 분이 휴일에 회사가 교육을 실시했는데 수당을 주지 않는다고 그것이 적법한 것인지 문의를 했습니다. 휴일에 회사가 교육을 했다면 그것은 휴일근로이고 교육 수당이 발생합니다. 휴일근로는 유급휴일 수당 100%, 휴일근로 수당 150%로 평일 동일시간 임금의 250%를 받아야 합니다. 그런데 아예 수당 자체를 주지 않았다고 합니다. 그래서 노동부에 진정을 하니 회사에서는 노동시간이 허용되는 범위에서 실시된 교육이기에 추가수당이 발생되지 않는다고 답변했습니다. 버스 노사가 포괄 상정된 노동시간을 채택했다고 합니다. 그것은 어떤 때는 10분 넘게 일하고 어떤 때는 조금 적게 일하는 것을 단순하게 정리하기 위해 만든 제도입니다. 회사는 운전기사가 버스에 올라 차에 엔진을 거는 순간부터 운전이 끝나고 엔진을 끄는 순간까지 운행 사항에 기록되는 것을 기준으로 노동시간을 정했고, 노동시간이 남아서 휴일 대체근로 형식으로 교육을 했다는 것입니다.

회사의 취업 규칙에는 운전 시작 10분 전에 출근해서 차내 간단한 안전점검과 차비 수납통을 수렴하라고 규정되어 있습니다. 운행을 마친 뒤에도 마찬가지입니다. 그런데 이것을 노동시간에 포함하지 않고 있는 것입니다. 더 중요한 것은 운전자들의 경우 1회 운행을 마치면 소정의 휴식시간을 주어야 합니다. 그런데 이 휴식시간이 운전대기시간인지, 휴게시간인지가 다툼의 요지입니다. 휴게시간은 노동자 개인이 완전히 자유롭게 쓰는 시간으로 직접 노동을 하는 시간은 아니지만 노동을 하기 위한 대기시간이므로 노동시간에 해당됩니다. 이것을 판정하는 기준은 노동자가 그 시간을 자유로이 사용할 수 있는가의 여부입니다. 그런데 버스기사들의 경우 보장된 휴식시간이 제대로 지켜지지 않습니다. 교통이 막혀 순환이 늦으면 화장실 가는 시간도, 심지어 식사를 할 시간도 없는 경우가 많습니다. 그리고 그 휴식시간에 사외 외출 등은 꿈도 꾸지 못합니다. 이런 지휘통제 속에 있는 시간이므로 대기시간이 분명한데, 이에 대한 법원의 태도는 분명하지 않습니다.

실제 이 경우, 사측이 제시하는 포괄 노동시간이 인정된다 하더라도 그것은 휴일 노동시간을 침해하지 않는 조건에서 실시되어야 합니다. 즉, 평일에 시간외 노동 형태로 교육을 실시하는 것이 맞다는 것입니다.

4) 아르바이트비를 안 줘요—임금

아르바이트를 하는 노동자들을 법률용어로 하면 단시간 노동자(파트타이머)입니다. 노동법상으로 주당 노동시간 40시간 또는 44시간보다 짧게 일하는 노동자를 말합니다.

이전에 아르바이트 노동자는 노동법의 사각지대에 놓여 있었습니다. 하지만 이제는 모든 노동법의 적용을 받는 당당한 노동자입니다. 단지 주당 노동시간이 15시간(하루 3시간 이내)인 경우에는 주휴, 연월차, 휴가, 퇴직금 등이 적용되지 않습니다. 또 하나는 아직도 5인 이하 사업장의 경우에도 주휴, 연월차, 휴가, 퇴직금 등이 적용되지 않습니다.

하지만 어떠한 경우라도 일을 했는데 임금을 주지 않는 것은 범죄행위입니다. 언제가 파키스탄에서 한국으로 일하러 오신 분이 상담을 하러 와서는 이렇게 말했습니다. "한국을 이해할 수 없다. 왜 일을 했는데 돈을 주지 않는가. 우리나라는 그럴 경우 경찰에 신고하면 바로 받아준다." 그렇습니다. 월급을 체불하는 것은 절도행위입니다. 그것도 사람의 인격과 생활마저 망치는 중한 범죄이며, 현행범이라 해도 지나친 말이 아닙니다. 그럼 이제 임금에 대해 알아봅시다.

① 임금이란

근로기준법에서 임금은 "사용자가 근로의 대상으로 근로자에게 임금, 봉급, 기타 어떠한 명칭으로든지 지급하는 일체의 금품"이라고 되어 있습니다. 하지만 이런 규정만으로 임금에 대한 모든 것을 말할 수는 없습니다.

임금의 뜻을 두고 많은 논란이 있습니다. 아직도 이에 대해 완전한 사회적 합의가 이루어진 것도 아닙니다. 노동자의 입장에서 임금은 생계비입니다. 그러나 사용자에게 임금은 비용입니다. 노동자에게는 많을수록 좋은 것이고, 사용자에게는 적을수록 좋은 것입니다. 그래서 임금을 계산하는 기준에 대해 각기 다른 관점을 가지게 됩니다. 위 법조문의 "근로의 대상"이라는 말에 대한 논란이 아직 끝난 것이 아니라는 것입니다.

노동자는 임금을 노동자의 일할 능력, 즉 노동력을 판 가격이라고 합니다. 하지만 사용자는 일한 대가일 뿐이라고 생각합니다. 그래서 사용자는 후불로 임금을 주면서 하루 일한 몫을 지불한 것이라고 합니다. 또 애초 입사할 때 근로계약서를 작성했기 때문에 대등하게, 즉 서로 손해 보지 않게 거래한 것이라고 합니다. 그러나 노동자의 입장에서는 입사할 때 동등한 거래를 하는 것은 불가능합니다. 그래서 노동조합 등을 통해 새롭게 협상하고 협약해야 한다고 믿습니다.

임금은 노동력의 가격입니다. 임금을 정하는 것은 임금

노동을 하는 노동자들이 노동력을 다시 만드는 비용입니다. 이것이 노동력의 이른바 본전本錢입니다. 이를 구체적으로 살펴보면 ㉠일상생활을 유지하는 비용, ㉡노동력을 재생산하는 비용(자기개발, 학습 등의 비용), ㉢노동 의지를 재생산하는 비용(피로를 풀고 심신의 건강을 단련하고 문화생활을 누리는 비용), ㉣그리고 2세대 노동력을 재생산하는 비용(자녀를 낳고 기르는 비용) 등을 합산하여 산출하는 것입니다.

이런 것들을 고려해 계산하되, 최소한의 생계비용으로 정한 것이 최저생계비입니다. 그리고 조금 다르지만 이런 역할을 하는 것이 이른바 최저임금입니다. 매년 최저임금 위원회에서 노사정이 최저임금의 액수를 정합니다. 2008년 현재 최저임금은 시급 3770원이고, 2009년에는 6.1% 인상된 시급 4000원으로 결정된 상태입니다. 하지만 이것은 말 그대로 최저 기준일 뿐입니다. 이미 우리는 헌법에 따라 인간 존엄성이 보장되는 삶을 살아갈 권리가 있습니다. 노동자들은 이것을 생활임금이라 부릅니다. 사회 평균적인 생활을 유지할 수 있을 정도의 임금 수준이 되어야 한다는 것입니다.

최근에 임금제를 월급에서 연봉으로 바꾸는 것이 유행입니다. 그런데 이것은 다만 지급 형태만 달라지는 것이 아닙니다. 임금 협상과 지급을 전체 직원의 평균 기준으로 정하는 것이 아니라, 개별 능력과 성과를 반영하여 개인적으로 임금을 책정하는 사용자의 견해가 담겨 있습니다.

노동자와 사용자 간의 일대일 관계가 노동자에게 일방적으로 불리한 것은 당연합니다. 연봉제의 적용은 이런 불리한 관계를 보충하던 노조와 집단 임금 교섭을 없애고 사용자 편향의 임금체계를 강요하는 것에 다름 아닙니다. 일부에서는 능력과 성과에 따른 임금 지급이 당연하다고 믿고 있지만, 사실은 연봉제를 실시하는 회사에서 인건비 비중은 3~5% 삭감됩니다. 즉, 더 많이 받는 일부와 적게 받는 다수의 임금을 합하면 노동자의 임금 총액은 줄어들고 있다는 것입니다. 눈앞의 이득을 앞세워 전체 노동자의 임금 지분을 줄이는 것입니다. 고사성어에 조삼모사라는 말이 있습니다. 아침에 주는 먹이의 개수만 가지고 일희일비하는 원숭이의 어리석음을 풍자한 말입니다. 우리 사람도 종종 조삼모사라는 말처럼 속임을 당합니다. 연봉제가 대표적인 예입니다.

임금인상을 요구했을 때 임금인상 무용론을 주장하는 사람들은 이렇게 말합니다. "임금이 오르면 물가가 오르고, 물가가 오르면 결국 임금인상이 효과가 없어, 또다시 임금인상을 요구하는 악순환을 부른다"고 말입니다. 하지만 임금이 올라 물가가 오르는 것이 아니라, 독점체제에 의한 가격 인상과 부동산 등의 투기와 현상, 국가의 인플레 정책과 더 밀접한 관계가 있습니다.

② 임금 지급의 형태

사용자는 임금을 적게 주거나 효율적으로 주고 싶어합니다. 그래서 택하는 방법이 임금 지급의 기준에 차등을 두는 것입니다. 노동자들이 내부에서 경쟁을 하도록 만들자는 의도입니다. 예전에 나쁜 선생님들은 학생에 대한 체벌의 방법으로 두 사람을 세워놓고 서로의 뺨을 때리도록 시켰습니다. 처음에는 약하게 살살 때리지만 조금만 지나면 서로 흥분해서 세게 때리게 됩니다. 경쟁이란 바로 그런 것입니다. 그래서 경쟁은 그 자체가 '지배 방식'의 한 형태입니다. 물론 사용자들은 이를 '합리적 차별'이라고 포장합니다. 하지만 합리적이라는 것의 기준이 사용자 일방의 기준이기 때문에 결코 공정하지 못한 것이 현실입니다.

서로가 서로를 믿음의 대상이 아니라, 경쟁의 대상으로 여기도록 만들기 위해 사용하는 것이 바로 내부 차별을 두는 것입니다. 이런 차별의 기준이 작용되어 만들어진 임금 지급의 형태는 보통 세 가지입니다.

첫 번째는 연공주의라고 해서 근속 연수와 나이에 따라 임금이 달라지도록 하는 것입니다. 간단히 말하면 고참 직원이 돈을 더 받는 것입니다.

두 번째는 직무주의인데 직무의 가치에 따라 임금이 달라지도록 하는 것입니다.

세 번째는 성과주의로 노동자의 성과와 능력에 따라 임

금이 달라지도록 하는 것입니다.

사용자들은 이 중에서 성과주의를 가장 좋아합니다. 왜냐하면 눈앞에 보이는 성과를 바탕으로 임금을 결정하기 때문에 노동자 간에 자발적인 경쟁이 촉진되어 노동 생산성이 향상된다는 것입니다. 또 이러한 경쟁은 노동조합을 무력화하고, 노동자들 내부를 분할 지배하는 통제가 매우 쉬워지기 때문입니다.

③ 임금 지급의 원칙

예전에는 사용자가 기술을 가르쳐 준다는 이유로 숙식만 제공하고 월급을 거의 주지 않거나, 부모님에게 대신 월급을 주거나, 적금이나 저금을 들어 준다며 월급을 일부만 주는 경우가 많았습니다. 또 어떤 회사는 자기 회사에서 만든 제품을 월급 대신 주기도 했습니다. 이런 행위들은 아주 전근대적인 인식과 행위들입니다. 그래서 근로기준법은 이런 잘못된 관행을 막기 위해 엄격하게 임금 지급의 원칙을 규정하고 있으며, 이를 지키지 않으면 처벌을 받게 되어 있습니다.

우선 모든 임금은 일한 본인에게 직접 지급해야 합니다. 사용자가 제3자에게 임금을 지급하는 행위는 어떤 경우에도 무효입니다. 단, 은행계좌 등에 입금하는 것은 본인에게 직접 지급하는 것과 같은 효과를 가지므로 유효합니다.

두 번째는 임금 전액이 지급되어야 합니다. 사용자가 노동자에 대해 채권을 가지고 있다 하더라도 임금을 먼저 공제하고 주는 것은 금지되어 있습니다. 단, 근로소득세나 각종 사회 보험료의 공제, 노조와 체결한 단체협약에 따른 노조 조합비의 공제는 허용됩니다. 만약 회사가 일방적으로 임금을 공제하고 지불한다면 이는 엄연한 불법입니다.

세 번째는 강제 통용력을 갖는 화폐로 지급되어야 합니다. 법률에 의해 강제되어 수취인이 거절할 수 없는 화폐로 줘야지, 현물이나 어음으로 주는 것은 불법이라는 것입니다.

마지막으로 월1회 정기적인 지불이 원칙입니다. 임금은 매월 1회 이상(주급, 반월급 등 가능) 일정한 기일(급여 지급일)을 정하여 지급되어야 합니다. 그러지 않으면 사용자는 임금체불을 한 것이므로 처벌의 대상이 됩니다.

④ 임금의 종류

회사를 다니면서 임금을 받다 보면 기본임금(기본급), 통상임금, 평균임금에 대한 개념을 접하게 됩니다. 노동법만으로 보면 기본임금이라는 개념 자체가 없습니다. 다만 통상임금, 평균임금만 있습니다. 이는 기본임금으로만 지급되는 각종 수당 등의 임금이 근본적으로 불법임을 보여주는 것입니다.

임금의 종류가 많은 것은 노동자에게 유리한 것이 아닙

니다. 임금 기준이 다양해서 차별의 여지가 많고 또 받는 임금이 일정하기보다는 울퉁불퉁할 수 있기 때문입니다.

통상임금은 정기적이고 일률적으로, 말 그대로 통상적으로 항상 지급되는 고정된 임금을 말합니다. 보통 기본급에 고정 수당을 더한 것이라고 생각하면 됩니다. 이 통상임금은 일을 더해서 추가로 받는 임금 지급의 기준이 됩니다. 예를 들면 휴일근로수당, 해고예고수당, 연차휴가수당, 상여금, 최저임금 판단의 기준이 됩니다.

평균임금은 퇴직금, 휴업수당, 산업재해보상보험금 등에 대한 기준이 되는 임금으로 일을 하지 못하게 된 노동자들의 실질 생활을 보장하기 위한 개념의 임금입니다. 실제로 지급받은 임금을 기준으로 산정하는 것으로 우리가 알고 있는 임금 개념에 가장 가까운 것입니다. 평균임금은 최근 3개월 동안의 임금 총액을 그 기간의 총일수로 나눈 금액(일당)입니다.

⑤ 인간의 존엄성이 보장되는 임금

자본주의사회는 임금을 받고 생활하는 것이 보편화되어 있습니다. 하지만 이것은 한쪽이 한쪽을 팔고 사는 관계, 즉 지휘와 종속 관계를 전제로 한 것입니다. 그렇기 때문에 본래 자주적이고 자유로운 존재인 인간의 본성을 제대로 구현한 노동의 방식이라 할 수 없습니다.

언제부터인가 우리는 시장을 통한 거래에 익숙해졌습

니다. 시장을 통한 거래는 겉으로는 동등한 것처럼 보입니다. 그러나 100원짜리를 200원으로 부르고 150원에 판매하는 현실처럼, 형식적 평등과 실질적 불평등이 내재된 조건에서 형식은 본질을 은폐하게 됩니다.

하지만 거래에 있어서 어느 한쪽의 손해가 당연한 것은 아닙니다. 사랑하는 사람 사이에 선물을 주고받을 때 값어치만큼 마음의 정성을 소중하게 생각하듯 서로 간에 호혜 상생하는 거래도 가능합니다.

이런 것이 당장 어렵다면 임금을 상정하는 데 몇 가지의 기준을 항상 유념하는 것이 좋습니다. 무엇보다 사람이 평균적으로 살아갈 수 있는, 생활의 안정에 필요한 임금은 반드시 필요합니다. 최저 임금이 아니라 최적 임금이 되도록 하기 위해 노력하는 것이 사회에 대한 책임이자 예의라는 것입니다. 비인간적인 돈벌이는 누구보다 자기 자신을 비인간으로 만든다는 사실을 항상 기억하는 것이 좋습니다.

⑥ 임금 체불에 대한 대응

임금 체불은 범죄행위입니다. 남의 돈뿐만 아니라 남의 생마저 도둑질하는 것입니다. 그래서 '체불된 임금은 반드시 받는다'는 생각을 해야 합니다. 우리는 보통 '똥이 무서워 피하냐 더러워 피한다. 여기 아니면 먹고살 게 없는 줄 아냐'는 마음으로 조금 번거롭고 귀찮아 보인다고 문제 해결을 뒤로 미루는 경우가 많습니다. 하지만 이런 소극적인 생각은 본인의 손해뿐 아니라, 뒤에 그 직장을 다니는 이들에게도 동일하게 고통을 주는 행위가 됩니다.

임금이 체불되면 참지 말고 바로 지불각서 등을 받아 놓는 것이 좋습니다. 회사를 다니면서 개인 출퇴근 업무일지를 만들어 기록하는 것도 반드시 필요합니다. 월급봉투나 각종 서류는 절대 버리지 말아야 합니다. 출퇴근 기록카드가 있다면 이 기록도 항상 확인해 두는 것이 좋습니다.

악법 조항이지만 임금채권의 소멸 시효는 3년입니다. 개인의 채무 시효가 10년인 것에 비하면 임금채권 소멸시효 3년은 도대체 사회적 균형 감각이 없는 조항입니다. 이런 악법을 조성한 것은 박정희 군사독재정권 때입니다. 독재정권이 들어서면 여지없이 인간 존엄성의 높이를 보여주는 노동법은 개악되곤 했습니다. 어쨌든 노동법이 규정하는 임금을 받지 못한 경우에 3년간 청구할 수 있으므로 출퇴근 시간과 업무기록 등을 확보해 두는 것이 반드시필요합니다.

사용자가 임금을 체불하면서 차일피일 미뤄도 많은 이들은 인정상 참고 삽니다. 그것은 착한 마음이긴 하지만 나도 상대도 더 큰 범죄와 고통으로 밀고 가는 어리석은 마음입니다. 그러므로 임금을 지급할 것을 명확하게 요구하고 그래도 주지 않으면 바로 노동부에 진정을 하고 고소·고발을 해야 합니다. 진정은 행정적으로 바로잡아 달라는 요구이고, 고소·고발은 상대방의 처벌을 요구하는 것입니다. 그래서 보통 진정을 하지만 고의적 체불이나 장기간의 체불은 고소·고발을 합니다.

진정을 하면 한달 이내에 노동부의 근로감독관이 양자를 소환하여 조사를 한 후 지급을 명령합니다. 이후 체불을 청산하면 사건은 마무리되지만 그래도 주지 않으면 근로감독관이 사용자를 검찰에 송치합니다. 일부에선 벌금만 내면 체불임금은 안 줘도 된다고 착각을 하는 경우가 있는데 천만의 말씀입니다. 송치가 된다는 것은 사장이 입건되어 전과자가 된다는 것입니다. 그리고 노동자는 '체불임금 확인서'를 받아서 다시 민사를 청구하면 됩니다. 그러면 사용자는 벌금도 내고 민사상 손해배상도 해야 합니다.

다니던 회사가 망하거나 사용자가 도피하여 임금과 퇴직금을 받지 못할 경우에는 노동부가 운영하는 '임금채권 보장기금'을 통해 일정 부분 지급받을 수 있습니다. 지급 범위는 최종 3개월치의 체불임금과 3년치의 퇴직금입니다. 이것을 체당금제도라고 합니다. 어떤 경우든 체불임금은 반드시 받아야 한다는 것을 잊지 마시기 바랍니다.

연봉 안에 퇴직금이 포함되어 있는데, 도중 퇴사하면 퇴직금을 돌려줘야 하나요?

최근에 가장 많이 문의하는 상담 내용은 퇴직금 지급에 대한 문제입니다. 연봉제를 실시하면서 매월 월급에 퇴직 수당을 명기하는 경우와 연봉 총액을 1/13하여 1년이 지나면 퇴직금 명목으로 주는 경우가 다반사입니다.

우리나라 법원은 "퇴직금이란 사용자가 계속적인 근로관계의 종료를 사유로 퇴직근로자에 대하여 지급하는 금원으로 사용자의 퇴직금 지급 의무는 근로계약이 존속하는 한 발생할 여지가 없고 근로계약이 종료되는 때에야 비로소 그 지급 의무가 발생하는 후불적 임금이므로, 상용근로자의 지위에 있는 원고로서는 퇴직일에 피고에 대하여 퇴직금의 지급을 구할 수 있고, 피고 또한 그 퇴직 당시에야 비로소 그 지급의무가 발생하는 것이므로, 근로계약에서 퇴직금을 미리 연봉 속에 포함시켜 지급하였다 하더라도 이는 근로기준법 제34조에서 정하는 법정퇴직금 지급으로서의 효력이 없다"고 하고 있습니다. 월 단위 퇴직금 지급은 그 자체가 불법입니다. 그런데 그것마저 돌려 달라고 하는 회사는 정말 양심이 없는 회사입니다.

근무 중인 노동자에게 퇴직금을 지급하는 것은 유일하게 퇴직금 중간 정산입니다. 그런데 퇴직금 중간 정산은 노동자의 요구로, 요구 시점에서 과거에 해당되는 기간에 대한 퇴직금은 요청 시점의 평균임금으로 지급해야 합니다. 그러므로 강제적으로 매년 퇴직금을 지급하는 식의 연봉제도 불법의 요소가 있습니다. 연봉 총액을 1/12한 후 그것에 해당하는 액수를 추가로 지급하는 것도 아니고, 게다가 연봉 총액을 1/13한 후 기존의 연봉 총액 속에 퇴직금을 집어넣는 것은 더더욱 불법입니다.

퇴직금은 퇴사 이후에 발생하는 후불성 임금이므로 사전에 지급할 수 없습니다. 더군다나 월 분할 지급은 성립이 불가능합니다. 1년에 1회 퇴직금 중간 정산 형태로 지급하는 것도 노동자의 요구와 함께 연봉 안에 액수가 아니라 연봉 총액을 1/12한 것에 대한 추가 지급이 될 때 적법하다는 것입니다.

아르바이트를 위한 몇 가지 상식

이런 권리가 있어요

❶ 출근을 했는데 회사 책임으로 일이 없어 그냥 돌아가게 되었을 때 70%를 휴업수당으로 받을 권리

❷ 1년 이상 일한 경우 퇴직금과 연차유급휴가를 받을 권리

❸ 연장근로수당, 야간근로수당, 휴일근로수당을 받을 권리

❹ 일주일간 개근하면 유급으로 하루를 쉴 권리

❺ 한 달간 개근하면 유급으로 하루를 쉴 권리

❻ 4시간 일하면 30분 이상, 8시간 일하면 1시간 이상의 휴식시간을 가질 권리

❼ 여성인 경우 생리휴가(월 1일), 출산휴가(90일)를 사용할 권리(여성 보호가 아니라 모성 보호입니다)

❽ 직장 내 성희롱(음란한 사진 등을 보여주는 행위, 안마 요구, 데이트 강요 등)을 당하지 않을 권리

❾ 일을 하다가 부상 또는 질병에 걸린 경우에는 치료 및 요양비용을 회사로부터 받을 권리

❿ 사장이 근로계약을 위반하면 일을 그만두고 손해배상을 청구할 권리

⓫ 임금체불이나 부당해고를 당했을 때 노동부에 진정 혹은 고소할 권리

반드시 확인해 보기

❶ 아르바이트비는 최저 임금을 충족하고 있나요?

—2009년 최저 임금은 시급 4000원입니다. 수습 사용 3개월 이내에는 10% 감액이 적용됩니다(최저 임금을 꼭 확인하세요. 매년 1월에 최저 임금이 인상됩니다).

❷ 근로계약서는 정확하게 작성했나요?

❸ 사업장이 상시 5인이 넘고 있나요?

❹ 근로기준법이 보장하는 기초 권리들은 보장받나요?
　－연월차 수당, 퇴직금, 심야 연장수당 등

❺ 확인 각서를 받았나요?

❻ 근무일지를 쓰고 있나요?

이런 회사를 주의하세요

❶ 차차 얘기하자며 계약 조건을 분명히 하지 않는 회사

❷ 뭔가를 해주겠다는 약속을 번번이 어기는 회사

❸ 유별나게 가족적인 분위기를 강조하는 회사

❹ 면접 시에 지나친 호의를 표현하는 회사

❺ 관리자들이 반말이나 성희롱적 발언을 서슴없이 하는 회사

❻ 무슨 일을 하는지는 대충 얼버무리고 일단 와 보라는 회사

❼ 점심, 저녁 식사시간이 제대로 지켜지지 않는 회사

❽ 라면이나 빵 등으로 대충 식사를 때우도록 하는 회사

❾ 예고 없이 갑자기 그리고 일방적으로 휴일, 야근, 연장근무를 요구하는 회사

❿ 일을 가르쳐주는 대가로 임금 없이 일을 하라는 회사

⓫ 짧은 시간에 고수입을 올릴 수 있다거나 먼저 고가의

물건을 사라고 하는 회사

⑫ 연락처를 회사가 아닌 개인 휴대전화만 밝히는 회사

⑬ 땅 투기 상담, 빚 독촉 전화 등 건전하지 못한 일을 시키는 회사

노동과 인권을 위한 좋은 말씀 5 - 발리바르

"반대파들이 그들의 노동으로부터 배제되어 투옥되고 고문 당하는 곳에, 정치경찰이 시민들을 정탐하고 유괴하고 협박 하는 곳에, 가난한 집 아이들이 길모퉁이에서 총에 맞아 죽는 곳에, 성적·인종적·종교적 등으로 차별이 지배하는 곳에 인권은 존재하지 않는다. 그리고 이러한 인권 침해에 대한 저항이 결코 끊이지 않기 때문에, 저항이 있어 인권의 정치는 항상 이미 시작되어 있다. 인권은 평등의 땅에 발을 디디고 자유를 향해 실천하는 곳에만 존재한다."

5) 일하다 다쳤어요—산업재해

전쟁으로 많은 사람이 죽는 것을 보며 우리는 가슴 아파합니다. 하지만 매일매일 또 다른 전쟁을 치르는 이들이 있습니다. 그들이 바로 산업현장에서 일하는 노동자들입니다. 산업재해는 심지어 교통사고보다 많이 발생합니다. 2006년 인구 1만 명당 72명이 교통사고를 당한 반면, 이보다 많은 77명이 산업재해를 입었다고 합니다. 사망자 수도 교통사고는 인구 10만 명당 13명이지만, 산업재해 사망자는 근로자 10만 명당 21명입니다. 매년 5000명 이상이 산업재해로 죽어 가는 것입니다. 놀라운 것은 산업재해 중 경미한 재해는 정규직 노동자가 많은데, 중대 산업재해 특히 사망 산업재해는 비정규직이 거의 2배나 된다고 합니다.

이에 비해 2008년 일반회계 기준 산업재해 예방예산은 92억 원으로, 4614~6000억 원인 교통사고 예방예산에 비해 1.5~1.8%에 불과한 실정입니다. 전체 산업재해기금 중 정부가 부담하는 예산은 150억 원으로 0.2%에 불과합니다. 그리고 정부가 당연히 부담해야 하는 노동부와 근로복지공단, 산업안전공단의 기관운영비와 인건비 등 2343억 원을 산업재해기금에서 부담하고 있습니다. 150억 원을 내고 2343억 원을 가져다 쓰면서 일하다 다친 사람들에게는 쉽게 인정을 베풀지 않는 가슴 아픈 현실이 아직 우리 사회입니다.

산업재해는 일을 하다 중독, 부상, 사망을 당하는 것과 오랫동안 나쁜 환경이나 고정된 자세로 인해 발생하는 질병인 직업병 등을 통틀어 말합니다.

법률적으로는 업무상 사유에 의한 근로자의 부상, 질병 신체장애, 사망의 경우를 말합니다. 이때 업무상 사유에는 작업 도중뿐 아니라 작업 준비, 사후 정리, 사업장의 행사 참여 등 포괄적인 의미로 사용됩니다. 이를 '업무상 재해'라고 합니다.

업무상 재해로 인정받기 위해 대체적으로 두 가지가 필요합니다. 하나는 노동자가 사용자의 지휘와 명령 하에서 업무를 행하는 조건입니다. 다른 하나는 '업무 기인성'이라 하는데 업무와 재해로 인한 상병 등에 상당한 인과관계가 있어야 합니다.

산업재해를 당하는 것은 생사의 갈림길에 서는 것뿐 아니라 불구 등으로 인생이 비참해지는 중대한 문제입니다. 하지만 아직도 우리나라는 '산재 왕국'이라는 오명을 벗지 못하고 있습니다. 예방과 치료 그리고 사후 관리에 더 많은 노력이 필요합니다.

산업재해를 당하면 신속한 치료와 보상, 재활, 그리고 사회에 다시 복귀하는 데 많은 힘이 필요합니다. 이를 개별 회사에 맡겨 버리면 대부분 제대로 해결되지 않아서 국가가 직접 이에 대한 책임을 지는데 그것이 '산업재해보상보험제도' 입니다. 이 제도는 강제성을 지닌 사회보험제도로서 의무적으로 가입해야 하며, 만약 사용자가 이 보험에 가입하지 않아도 다친 노동자는 치료와 보상을 받을 수 있습니다.

일반적으로 어떤 일이 발생하면 우리는 잘잘못을 따져 책임을 묻습니다. 하지만 일하다 다친 경우에는 이런 잘잘못을 따지는 행위는 다친 이에게 지나치게 가혹한 일이 됩니다. 그래서 민사상의 과실책임주의를 넘어 산업재해에 있어서는 '무과실책임주의'가 채택됩니다. 고의와 잘못을 떠나 치료하고 보상을 해야 한다는 것입니다.

① 스트레스와 과로사

예전에는 주로 제조업 중심의 사고성 산업재해 발생이 문제였습니다. 하지만 최근에는 과중한 업무나 업무에 따른 스트레스 등이 불러오는 재해가 주요한 문제가 되고 있습니다.

독일 함부르크대학 알프레드 오폴처 교수는 EU의 조사결과 빠른 작업 속도에서 지속적으로 일하는 노동자의 경우 산업재해 및 상해위험률이 2배 이상 높게 나타났으며, 노동시간에 따른 재해발생률은 12시간째의 사고위험률이 첫 8시간보다 2배나 높게 나타났다고 밝혔습니다. 또 비정규직 노동자는 정규직 노동자보다 40%나 더 건강의 문제를 자주 겪었습니다. 근로 중에 받는 스트레스는 출퇴근 중의 사고 위험률을 높이고, 근로 중 높은 스트레스를 받은 사람은 그렇지 않은 사람보다 사고 위험률이 2배나 높게 나타난다고 합니다.

과로사는 "격무, 과로, 스트레스 등으로 건강이 악화되거나 기존 질병이 심각한 상태로 진행되어 사망에 이르거나 사망 또는 신체의 일부가 마비되는 등 장애가 발생하는 것"으로 정의되고 있습니다. 이러한 과로사는 고되고 오랜 노동과 과도한 경쟁, 복잡한 업무에 따른 긴장과 스트레스의 증가가 주요 원인입니다. 이런 과로와 스트레스는 우리 몸에 주로 뇌혈관계질환, 심장질환, 간질환을 가져옵니다. 고용의 유연화, 비정규직 증대 등이 고용불안을 불러오고 이로 인한 과로사는 심각한 사회문제가 되고 있습니다.

② 산업재해 보상의 신청

산업재해가 발생하면 근로복지공단으로부터 산업재해로 인정을 받아야 산재보험(산업재해보상보험)의 혜택을 받을 수 있습니다. 신청만 하면 될 것 같은 이 과정도 현실적으로는 많은 장애를 만나게 됩니다.

산재보험료의 증대 및 행정적 책임을 지기 싫어하는 사용자들은 산업재해가 발생해도 이를 은폐하거나 부인하려고 합니다. 은폐하는 방법으로는 회사와 무관하게 개인이 다친 것으로 하여 의료보험 처리하거나 치료는 해 주되 산업재해 신고를 하지 않고 '공상' 처리를 하는 것입니다. 아니면 회사 차원에서 자의적으로 산업재해가 아니라며 산재보험 신청서에 서명을 거부하기도 합니다.

많은 사람들이 회사가 부인하면 산재보험 신청이 안 되는 줄 아는데 전혀 그렇지 않습니다. 산재보험 신청의 주체는 산업재해를 당한 노동자이며, 이를 판단하는 기관은 회사가 아니라 근로복지공단입니다. 그러므로 회사가 서명을 거부하면 그 사유를 첨부하여 본인이 직접 근로복지공단에 청구를 하면 됩니다.

아직까지 5인 이하 사업장이나 산재보험에 들지 않은 회사라서 산재보험 신청이 안 된다고 말하는 사람이 있습니다. 하지만 2000년 7월 이후 모든 사업장이 산재보험에 드는 것을 강제 조항으로 두었기 때문에 불법으로 산재보험을 들지 않은 사업장의 노동자도 산재보험의 혜택을 받을 수 있습니다.

다만 산업재해를 당한 노동자는 요양을 개시한 날부터 1년 이내에 납부했어야 할 보험금의 50%를 내면 됩니다. 산재보험을 신청해야만 하는 이유는 회사를 퇴직하거나 회사가 망해도 휴업급여, 상병보상연금, 장해급여 등을 지급받을 수 있는 당연한 권리를 찾을 수 있기 때문입니다.

산업재해를 당했을 때 가장 중요한 것은 좋은 병원과 의사를 찾는 것입니다. 의사의 진단이 일차적으로 업무연관성을 밝혀 주기 때문입니다. 그런데 여기에서도 노동법을 보는 사회적 관점이 필요합니다. 예를 들어 유기용제의 경우 인체 내 잔류 시간이 2~3시간입니다. 고무나 신발, 염색공장의 경우 이것을 쓰는 것이 아주 흔했고 그로인해 많은 질병들이 나타났습니다. 문제는 아파서 병원에 갔을 때 증상은 있지만 이미 체외로 배출된 유기용제의 잔류물을 찾을 수 없다는 것입니다. 보통 상식으로 보면 그 연관성을 보고 판단하면 되지만 실증 전문가임을 자처하는 의사들은 자기가 직접 확인하지 않았다고 이를 인정하지 않았습니다. 그래서 많은 노동자들이 산업재해 인정을 받지 못하고 죽거나 고통을 당했습니다.

원자폭탄의 원리를 발견한 아이슈타인이 일본에 떨어진 핵폭탄의 파멸적인 모습을 보며 후회를 한 것이나, 원자폭탄의 아버지 오펜하이머가 "내 손에는 피가 묻어 있다"고 한탄한 것처럼 오직 연구를 위한 연구나, 사람의 연관을 뺀 실증적인 것으로만 발언하는 것은 사회적 약자를 두 번 죽이는 결과를 낳기도 합니다. 실제 눈에 보이는 것보다 보이지 않는 것에 실체적 진실이 있음을 인정할 때, 자기의 경험이나 좁은 시야를 넘어 사람과 사람의 관계를 살필 줄 아는 것이 얼마나 소중한지 알게 해줍니다.

문재훈의 노동 상담실

산재보험에 대한 잘못된 상식

회사가 산업재해 처리를 안 해주면 산업재해 인정이 안 되나요?

우리나라 산업재해보상보험법에 의하면 1인 이상 고용하는 업체면 의무적으로 산재보험에 가입해야 합니다. 또한 산업재해 처리에 도움을 줄 의무가 있습니다. 보통 5인 이하 사업장은 산업재해 보상이나 인정이 안 된다고 생각하는데 잘못 알고 있는 것입니다. 만약 회사가 산재보험 처리를 안 해주면 본인이 직접 근로복지공단에 신청을 하면 됩니다. 산업재해 판정의 기준인 업무 연관성에 대한 판단도 회사가 아니라 근로복지공단에서 하기 때문에, 이를 이유로 산재보험 처리를 거부하는 것도 옳은 일이 아닙니다. 산업재해 보상에 대한 처리는 노동자의 기본적인 권리임을 항상 명심하고 회사가 다 알아서 해줄 것이라는 선입견을 가지면 안 됩니다.

회사가 산재보험에 들지 않으면 산재보험 처리가 안 되나요?

현재 우리나라는 산재보험에 가입하는 것을 법적인 의무로 규정하고 있습니다. 강제조항이라는 것입니다. 산재보험에 가입하지 않은 것은 사용자가 불법을 저지르는 것입니다. 그러므로 사용자가 저지른 불법 때문에 노동자가 그 책임을 지거나 불이익을 당해서는 안 됩니다. 산재보험에 가입하지 않은 회사에 다니는 노동자가 산업재해 보상을 신청하는 경우, 회사는 산업재해 노동자에게 주어지는 보상금의 50%를 추징당합니다.

산업재해 치료 기간 중 퇴직하거나 회사가 폐업하면 산업재해 보상이 안 되나요?

아닙니다. 산업재해 보상이 승인되었다면 개인이 퇴직을 하거나 회사가 없어져도 산재보험의 혜택은 계속 받을 수 있습니다.

산재보험 처리가 되면 퇴직을 해야 하나요?

산업재해가 인정되면 그 치료 기간과 치료 종료 후 30일간은 어떤 경우라도 해고가 금지되어 있습니다. 그러니 산재보험 처리가 되면 퇴직하는 것을 당연하게 여기는 것은 법을 완전히 왜곡한 것입니다.

사실혼 관계의 배우자는 산업재해 보상을 받지 못하나요?

법률상의 배우자와 사실혼 관계의 배우자 둘 다 있으면 사실혼 배우자에게는 권리가 발생되지 않습니다. 그렇지 않고 사실혼 관계 배우자만 있다면 산업재해 보상의 대상이 됩니다. 법률상의 배우자가 있고 사실혼 관계 속에 자녀가 있다면 이 자녀들은 보상의 대상이 됩니다.

산업재해 보상을 받으면 국민연금을 지급받지 못하나요?

국민연금법에서는 동일한 사유로 근로기준법이나 산업재해보상보험법 등으로 장해보상, 유족보상 등을 받았다면 그 금액의 1/2를 지급한다고 되어 있습니다. 현재 우리나라는 산업재해보상보험법상의 보상액이 훨씬 높기 때문에 국민연금을 이유로 산업재해 보상을 거부하는 것은 현명하지 않습니다.

6) 갑자기 벌을 주고 그만두래요—징계 해고

노동문제에 조금이라도 관심을 가지면 가장 쉽게 접하는 용어가 '정리해고'와 '비정규직'입니다. 정리해고를 하고 비정규직을 늘려 이른바 고용의 유연성을 확보하려는 사측과 안정된 직장과 생활의 불안함 없이 일을 하고픈 노동자 간에 치열한 공방이 바로 거기에서 꽝, 부닥치고 있기 때문입니다.

노동자의 입장에서 정리해고와 비정규직은 지난 백 몇 십 년간 피어린 투쟁으로 겨우 만들어낸 인간 존엄성의 기준을 한꺼번에 낮추는 것입니다. 그뿐만 아니라 아예 노동법이 생기기 이전으로 되돌리는 일입니다.

노동자는 사용자에게 인격을 파는 것이 아닙니다. 다만 노동하는 능력을 빌려 주는 것입니다. 인격을 모독하고 인간의 본성인 자유를 억압하는 행위를 사용자에게 허용한 것이 아닙니다. 만약 사용자가 내 돈 주고 내가 고용한 것이라며 일방적으로 벌을 주고, 쫓아내는 것을 그대로 인정하고 수용한다면 우리는 노동자가 아니라 노예가 되는 것입니다.

우리나라 노동법에 입사는 회사의 재량에 맡기지만 퇴사의 경우에 근로자가 자발적으로 그만두는 것이 아니면 '정당한 이유 없이 해고할 수 없음'을 명백히 하고 있습니다. 정당한 이유 없는 해고를 '부당해고'라고 하며 부당해고를 행한 사용자는 처벌을 할 수 있었습니다. 그러나 2007년 7월 1일부터 법이 바뀌어 부당해고의 처벌 규정은 사라졌습니다. 해고에 대한 장벽을 낮춰 사용자가 쉽게 해고를 할 수 있도록 했습니다. 또 한 번 인간 존엄성의 높이가 낮아진 것입니다.

① 해고의 정당성

정당한 해고가 되기 위해선 ㉠해고의 이유가 정당하고, ㉡적정한 절차를 거쳐야 하며, ㉢형평성에 어긋나지 않아야 합니다.

노동자에게 해고는 생명줄이 끊기는 일종의 사형선고나 다름없는 것입니다. 해고를 당한 사람들, 그래서 실직하는 사람들이 갖는 사회적 절망의 크기는 매우 커서 커다란 사회적 문제가 되기도 합니다. 그러므로 해고를 쉽게 생각하는 것은 아주 비인간적인 모습입니다.

노동법에서는 해고를 하면 해고수당을 주든가, 한 달 전에 해고 예고를 해서 직장을 구할 시간을 주게 되어있습니다. 해고를 통보받은 노동자들은 해고수당을 요구하든가 부당해고임을 지적하고 원직복직을 요구해야 하는데, 일부 나쁜 사업주들은 해고수당도 주기 싫어 한 달전에 통보를 하고 그 기간 동안 집단 따돌림 등을 통해서 스스로 그만두게 하는 경우도 많습니다. 특히 권고사직을 하면서 고용보험 등의 혜택을 받을 수 없다는 식의 엄포를 동반하는 경우가 많은데, 사직서를 내면 오히려 받기 힘든 것이 고용보험임을 항상 유념하는 것이 좋습니다. 퇴직금을 줄이기 위해 사직서를 늦게 처리하고 그 기간 동안을 무임금 처리하는 경우도 있습니다. 사직서를 제출했다 하더라도 수리될 때까지는 출근을 해야합니다.

해고를 하는 경우 보통 징계해고를 합니다. 회사에 대해 노동자가 잘못한 것에 대한 책임을 묻는 것입니다. 하지만 어느 회사나 잘못에 대한 경중을 취업 규칙이나 단체 협약을 통해 규정하고 있습니다. 보통 징계는 경고 또는 비판에 해당하는 견책, 일종의 사건의 경위와 반성을 담은 문서(시말서)의 제출, 임금을 줄이는 감봉, 일정 시간 근무를 배제하는 정직 등으로 나눕니다. 이런 처벌 이외에 가장 무거운, 그래서 쉽게 해서는 안 되는 것이 해고입니다.

설사 노동자에게 잘못이 있다 하더라도 징계 절차를 정상적으로 밟아야 하며, 징계 절차가 정상적으로 진행됐다 하더라도 그 잘못의 정도가 해고에 해당되어야 합니다. 길에 휴지를 버리거나 무단횡단을 했다고 사형을 선고할 수 없는 것과 마찬가지입니다. 보통 장기 무단결근이나 고의적인 잘못 등을 수차례에 걸쳐 반복되었을 때 해고 조치를 합니다. 고의적인 잘못이 아닌 경우, 단발성에 그친 잘못을 가지고 해고를 해서는 안 된다는 것입니다.

해고의 결정, 즉 인사권의 최종 결정자는 회사의 대표

자입니다. 보통 부서의 부장이나 관리자들이 '나가라!'고 말을 하면 더럽다고 그만두는 경우가 많습니다. 이런 경우 본인이 인정하지 않으면 해고는 성립되지 않습니다. 중간 간부들은 인사권을 행사할 수 없기 때문입니다. 또 최근에는 법이 바뀌어서 해고는 반드시 '서면 통지'를 해야 합니다. 구두로만 하는 것은 법적 효력이 없습니다.

② 징계 해고에 대한 대응

우리나라 사람들은 웬만한 문제는 피해 가려는 습속이 있습니다. 생각해보면 일제강점기 이후 워낙 많은 사건과 사고 속에서 본능적으로 몸을 사리는 경향이 생긴 듯합니다. 그래서 징계나 해고를 당해도 여기에 이의를 제기하고 잘못을 바로잡겠다고 나서는 용기 있는 사람이 절대적으로 적습니다. 그래서 우리에게 상담하러 오는 경우는 부당해고를 당해서 억울함을 호소하는, 진짜 억울한 상황이 대다수입니다.

가장 많은 해고 유형은 권고사직입니다. 회사가 권해서 사직서를 쓰는 경우인데, 그러면 고용보험을 타게 해 주겠다는 것을 덧붙입니다. 노동자가 스스로 회사를 그만두면 해고수당이나 부당해고 시비를 피할 수 있기 때문에 사용자들은 별별 수단을 다 동원해서 노동자를 회유합니다.

노동자들은 입사할 때 근로계약서에 서명을 하는 것 말고는 특별히 서명을 하거나 서면을 작성할 이유가 없습니다. 그런 일이 생긴다는 것은 노동자의 처지가 불안하거나 개악된다는 것입니다. 그러므로 절대 먼저 서명을 하지 말아야 하며 특히 '묻지 마, 서명'을 해서는 안 됩니다. 마찬가지로 정말 스스로 그만두는 것이 아니라면 어떤 경우라도 사직서를 쓰지 말아야 합니다. 회사의 문제로 정리해고 등이 필요하다면 그것은 법에 따라 하면 되는 것입니다. 명예퇴직 등 스스로 쓰는 사직서는 결국 노동법에서 보장하는 최소 권리마저 포기한다는 각서에 다름 아니기 때문입니다. 부득이하게 사직서를 쓰게 된다면 '일신상의 사유로 사직서를 제출한다'는 식이 아닌 '회사의 요구에 의한 권고사직'임을 적시하는 것이 좋습니다.

해고 통보를 받으면 즉시 이의를 제기해야 합니다. 퇴직금이나 해고 예고 수당을 먼저 지급하면서 해고를 통보하는 경우, 이를 수용하고 좀 뒤에 부당해고 구제 신청을 하면 법원 등에서 받아들이지 않는 경우도 있으므로 먼저 이의를 제기하는 것이 좋습니다. 해고 구제 신청을 할까 말까 망설이는 사람도 우선 이의 제기를 하는 것이 좋습니다. 이때 이의 제기를 하는 방법으로 상용되는 것이 '내용증명서신제도'입니다. 내용증명서신이란 편지의 내용을 공공기관인 우체국을 통해 보장받는 것을 말합니다. 이것은 법적 분쟁이 발생되었을 때 소중한 증거자료가 됩니다.

또 본인의 근로계약서를 꼭 챙겨 두어야 합니다. 아직도 많은 회사에서 근로계약서를 회사에서만 보관하는데 그것은 불법입니다. 전세계약서를 나누어 보관하듯이 근로계약서도 그래야 합니다. 회사가 정한 취업 규칙의 경우도 항상 일터에 전시, 보관되어야 합니다. 근로계약서, 취업규약, 단체협약 등의 서류는 평상시에 꼭 챙기셔야 합니다.

이외에도 증거 서류와 증인 등을 확보해야 합니다. 같은 회사 동료의 경우 회사에게 밉보이기 싫어 진술이나 증언을 잘 해주지 않는 경우가 많은데, 그럴 때는 필요한 만큼 녹취를 하거나 사진 등을 찍어 둘 수도 있습니다. 이미 퇴사한 분들의 진술도 유용하니 이런 부분에 대한 증거, 증언 확보를 하는 것도 좋습니다.

③ 해고 구제의 절차

해고 통보를 받으면 이의 제기를 합니다. 이의 제기에 해결의 답이 없거나 만정이 떨어진 회사 더 다니기 싫으면 회사 관할 노동청에 해고 수당을 청구합니다. 해고 자체에 부당함을 시정하고 지속적으로 회사를 다니기를 원하면 부당해고 구제신청을 광역 지역 노동위원회에 청구합니다. 아무리 늦어도 해고 통보를 받은 후 90일 이내에 청구하셔야 합니다.

부당해고 구제신청은 신청 이유서를 잘 작성해야 합니다. 그동안의 경과, 해고의 부당성 등을 조목조목 제기해야 하는데 필요하다면 도움을 받는 것이 좋습니다. 신청서를 제출하면 2주 정도 뒤에 노사 쌍방을 불러 조사와 조정을 하고 그래도 안 되면 지방노동위원회 심의를 받아야 합니다. 그 과정에서 노사 쌍방이 답변서와 보충 서면을 통해 공방을 하고 해고의 부당성에 대한 결정을 합니다. 이 기간이 대략 2~3개월 걸립니다. 만약 1심에서 승소하면 복직 또는 금전적 보상을 받게 됩니다. 패소하면 10일 이내에 중앙노동위원에 재심 청구를 하면 됩니다.

상담을 하다 보면 많은 분들이 너무 억울해서 자신의 이익을 위하기보다는 가혹한 사용자를 혼내주고 싶어 합니다. 그래서 '복직보다 사용자의 괘씸한 행태를 혼내주고 싶다'는 식의 발언을 합니다. 그러면 복직 의사가 없는 것이 됩니다. 꼭 복직해서 억울함이 없는 일터, 일하는 사람들이 자랑스러워하는 회사를 만들고 싶다는 이야기를 하는 것이 옳습니다.

해고 부분에 대해 노동법의 절차 말고 민법에 의한 직접 재판도 가능합니다. 이른바 '해고무효소송'입니다. 언제부턴가 노동부가 노동이라는 이름을 부끄럽게 만들면서 지방노동위원회와 중앙노동위원회에 대한 공정성과 신뢰도가 형편없이 떨어졌습니다. 이것 또한 인간 존엄성의 높이가 무너진 사례인데, 지방노동위원회나 중앙노동위원회를 거치지 않고 직접 민사소송을 하는 것이 있으므로 90일 구제신청의 기간을 놓친 경우나 워낙 불신을 주는 지역의 지방노동위원회라고 한다면 민사소송도 활용

해야 합니다.

이런 짧은 글이 있네요.

잡담 해고

해고는 냉정한 것
공장을 옮기면 해고
노조를 만들면 해고
어용노조 민주화 요구만 해도 해고
야당파로 대의원 출마만 해도 해고
회사 부정비리 외부로 말했다고 기밀 누설에 명예 손상으
로 해고
메신저에서 직원끼리 사장 험담했다고 해고
자기 연봉 남에게 말했다고 해고
몸이 고장 나서 해고
나이 많다고 해고
노조원 만났다고 해고
체불임금 달랬다고 해고
비밀 무기명 투표로 해고
제비뽑기로 해고
몸이 힘들어 호소하면 집에 가서 영원히 쉬라며 해고
조장 반장 말 안 들으면 작업 적성 불가로 해고
조장을 그만두면서 후임을 위해 똑똑한 놈 골치 아프다고

해고

임신 출산 휴가 신청했다고 해고

비정규직이 정규직과 다퉜다고 해고

즐겁게 말하고 노래했다고

휴대폰 문자로 온 해고 사유는 "잡담"이란 두 글자

공장 대청소 시키고 회식이나 하나 모였더니 집단해고

에이 18 청소나 시키지 말든가 ~~~

해고의 사유

상사를 폭행한 사원

폭력 행위를 징계해고 대상으로 삼을 수 있다는 단체협
약에 따라 선배 사원을 폭행한 사원을 해고하는 것은 정
당하지만, 회사 직원들과 단합대회를 하다가 술기운에
상사를 폭행한 사원을 징계해고한 것은 부당합니다.

폭력 행위에도 가해와 피해가 있습니다. 그리고 사회의
통념상 도의적 판단 기준도 고려되어야 합니다. 부하 직
원 또는 나이가 어린 사람들이 폭력의 가해자일 때 해고
와 징계는 수용되는 경우가 많지만, 가해자와 피해자가
이와 반대이거나 피해가 경미할 때는 해고와 징계가 수
용되는 경우가 많지 않습니다.

숙취에 의한 음주 운전

전날 음주를 하고 숙취 상태에서 운전을 했을 경우도 음
주운전이 됩니다. 안양의 모 버스 회사의 경우 운전자가
숙취를 이유로 결근 요청을 했으나 이를 거부하여 부득
이하게 근무를 했습니다. 그리고 숙취 상태에서 근무를
하다 음주운전으로 적발되어 해고가 되었습니다. 하지만
이 건의 경우도 취업 규칙에는 근무 중 운전이라 하여 숙
취에 대한 해석이 없고, 또 사전에 노동자가 숙취를 이유
로 휴식을 요청했으나 이를 거부한 사용자 측의 책임도
있어 해고는 지나치게 가혹하다는 판결을 받았습니다.

허위 학력의 기재와 해고

우리나라 판례는 입사 시 이력서에 대학교 졸업 사실을 기재하지 않고 고등학교까지만 기재하여 최종 학력을 은폐한 행위는 징계해고 사유에 해당한다고 합니다.

"기업이 근로자를 고용하면서 학력 또는 경력을 기재한 이력서나 그 증명서를 요구하는 이유는 단순히 근로자의 근무능력, 즉 노동력을 평가하기 위해서만이 아니라 노사 간의 신뢰형성과 기업 질서 유지를 위해서는 근로자의 지능과 경험, 교육정도, 정직성 및 직장에 대한 정착성과 적응성 등 전인격적 판단을 거쳐 고용 여부를 결정할 필요가 있으므로 그 판단 자료로 삼기 위한 것인데, 이와 같은 목적으로 제출이 요구되는 이력서에 허위의 경력을 기재한다는 것은 그 자체가 그 근로자의 정직성에 대한 중요한 부정적인 요소가 됨은 물론, 기업이 고용하려고 하는 근로자들에 대한 전인격적인 판단을 그르치게 하는 것이므로, 근로자 채용 시의 허위경력 기재행위 내지 경력 은폐행위를 징계해고 사유로 규정하는 취업규칙 등은 허위 사항의 기재가 작성자의 착오로 인한 것이거나 그 내용이 극히 사소하여 그것을 징계해고 사유로 삼는 것이 사회통념상 타당하지 않다는 등의 특별한 사정이 있는 경우까지에도 적용되지 않는 한, 정당한 해고 사유를 규정한 것으로 유효하고 이에 따른 징계해고는 정당하다"**1999년 3월 26일 대법 98두4672**

그런데 최근엔 그런 판례도 변하거나 변해야 한다는 것이 나타나고 있습니다.

서울 행정법원은 "최종학력을 낮게 기재한 것을 이유로

한 해고 문제의 연혁을 살펴보면, 4년제 대학을 졸업한 근로자가 노동시장에서 차지하는 비중이 현저하게 낮을 때 고학력자들이 최종학력을 낮게 기재하고 생산직 근로자로 취업해 노동조합의 조직·조합 활동에 적극적·주도적으로 참여함으로써 노사분쟁이 증가함에 따라 기업과 판례는 학력을 허위기재한 것은 정당한 징계사유가 된다고 사용자의 입장을 지지했다"며 "그러나 이는 헌법에 보장된 근로3권을 행사하는 것 자체를 위법한 행위 또는 바람직하지 않은 것으로 파악하는 것을 전제로 하고 있는 것이다.

위와 같은 사용자의 태도는 인간의 존엄성·근로권의 보장에 반하는 불합리한 것으로 타파돼야 한다"고 하였고 재판부는 이어 "고등교육의 대중화로 노동시장에서 4년제 대학 이상 졸업자의 비중이 현저하게 증가했고, IMF 이후 경제성장률이 저하되고 취업률이 감소하는 등 종래 고졸 이하 학력을 가진 근로자들이 주로 취업하던 직장에 4년제 대졸자들이 취업하는 경우가 늘고 있다"며 "원고 회사가 4년제 대졸자를 채용하지 않는 이유로 들고 있는 직원 간의 위화감 조성이나 담당 업무를 받아들이는 자세가 불량하다는 내용은 합리적인 근거가 없는 가정에 기초한 차별로 보이고, 이씨가 자세가 불량하다거나 직장의 인화 단결에 저해를 주었다고 볼 만한 사정도 없으므로 학력 사칭이 해고할 정도의 중대한 경력 사칭에 해당한다고 볼 수 없다"고 덧붙였다.

노동과 인권을 위한 좋은 말씀 6 - 레닌

노동자가 용기를 내서 진실을 말하면, 그들의 절박한 요구를 말하면 곧 자본에 의해 억압당하고 전체 사회에 의해 구박 당한다. 그리하여 노동자들의 투쟁은 전체 지배계급에 대항하여 수행되어야 한다는 것을 깨닫지 않을 수 없다. 혼자만의 요구는 간단히 무시 배제당한다. 그리하여 그들은 불가피하게 조직될 것을 요구하며, 불가피하게 개인에 대항한 전쟁이 아니라 지배 전체에 대항한 전쟁, 공장에서뿐만 아니라 모든 곳에서 노동자 민중을 억압하고 짓밟는 억압에 대한 전쟁이 된다. 이것이 바로 다른 사람보다 노동자가 전체 민중의 대표자가 되는 이유이다.

7 노동조합 및 노동관계조정법

1) 왜 노동자들은 단결할까요

① 노동, 노동자, 노동조합

노동조합이란 노동자들이 만든 조합입니다. 사용조합, 농업조합 등 많은 조합 중에서 유독 노동조합이 법으로 보장되는 이유는 사회 구성원 절대 다수인 노동자의 이해와 권리를 보장하지 않고서는 나라가 나라다울 수 없음을 역사적으로 확인했기 때문입니다.

노동권은 어느 날 저절로 만들어졌거나, 사용자가 시혜를 베풀어 주어진 것이 아닙니다. 치열하고 비장한 역사적 투쟁을 통해 쟁취한 것입니다. 지금도 사용자들은 노동조합을 눈엣가시로 여기고 있습니다. 하지만 세상의 다수자이자 민주주의의 주인인 노동자 대중의 권리를 세우고, 우리 사회의 부정부패를 막는 소금과 자기 자신을 비추는 거울의 역할을 하는 노동조합은 정말 중요합니다.

인간을 정의하는 많은 말들 중에 가장 보편적인 정의는 '인간은 사회적 존재다' 가 아닐까 합니다. 집단생활을 하는 동물들도 많이 있지만 인간은 행동하고 생활하는 데 있어서 생각을 한다는 점이 다릅니다. 인간은 생각을 하면서 노동을 합니다. 이것이 본능적으로 사냥하고 먹이를 먹는 동물과 인간을 구별하는 것입니다. 다시 말하면 인간의 가장 큰 특징은, 바로 '노동하는 존재'라는 것입니다. 노동 없이는 인간의 생활도, 인간의 역사도 없습니다.

인간을 인간답게 만든 '노동'이란 말이 지금은 기피 단어가 되어 있습니다. '노동' 하면 힘들고 고통스럽고 짜증스러운 무엇이나 사회 하층들, 약자들의 구차한 모습이 떠오릅니다. 역사를 만들고 세계를 창조하고 자기 자신을 있게 한 노동을 인간들 스스로가 배신을 한 것입니다.

왜 이렇게 됐을까요. 배신의 계절이 온 것은 인간 사이에 개인의 부가 생기고 그것이 지배와 피지배라는 계급을 발생시키면서입니다. 지배하는 이들은 육체적 노동을 기피하고 생산물을 향유하려 합니다. 전쟁 포로 등을 노예로 삼아 강제 육체노동을 시키면서 노동은 천한 일이 된 셈입니다. 이런 노동을 본래의 자신을 잃어버린 불쌍한 노동, 즉 '소외된 노동'이라 합니다.

원래 소외되지 않는 진짜 노동은 일과 놀이가 합쳐진 것이었습니다. 우리가 동일하게 힘을 들여 몸을 움직여도 일하는 것은 힘든데 축구나 등산을 하면 힘이 들어도 즐거운 것은, 일은 남이 시켜서 하는 일이고 축구나 등산은 스스로 하고 싶어 하는 것이기 때문입니다.

노동은 구상하고 실행하고 향유(소유)하는 세 과정이 통일된 것입니다. 그런데 지배계급이 생기고 계급사회가 되면서 구상하고 시키는 자와 직접 행하는 자, 지배와 피지배 관계로 분리됩니다. 그리고 생산품은 직접 만든 이가 소유하지 못하고 시킨 자의 품으로 갑니다. 생각도 못하고 소유도 못하고 시키는 대로만 하는 일을 신나게 할 사람은 없을 것입니다. 그래서 현실에서 노동은 지겨운 단어가 되었습니다. 진짜배기 노동을 위해서 노동자가 계획하고 실행하고 함께 누리는 노동을 해야 합니다. 소외된 노동을 진짜 노동으로 만들어 함께 잘사는 것, 이것이 바로 '노동조합'을 만드는 첫 번째 의의입니다.

숭고한 노동을 하는 사람이 노동자입니다. 하지만 현실에서 노동자는 소외된 노동을 하는 사람입니다. 개인적으로는 자유로우나 경제적 수단을 가지지 못해 자기를 팔아 취직을 해서 임금을 받아 먹고사는 것입니다. 경제적 수단이 없기 때문에 반드시 취직을 해야 하는데, 많은 경우 이 과정은 인간적 굴욕과 구걸의 과정에 다름 아닙니다. 그러다보니 취직을 할 때 자신의 존엄과 가치를 제대로 거래하는 사람이 드뭅니다. 한마디로 바가지 거래를 하는 것입니다. 시장의 어느 가게에서 바가지를 썼다면 다음에 가지 않으면 되지만, 직장은 그럴 수가 없습니다. 대신에 다시는 바가지 거래는 하지 말자고 개인적으로 다짐하면 '회사 방침에 불만이 많은 사람'이 되어 따돌림을 받게 됨

니다. 그래서 과부 사정 과부가 안다고 사회적 약자들이
힘을 합해야 합니다. 집단 거래를 통해 바가지 거래를 막
고 최소한의 권리를 보호하기 위해 만들어진 것이 바로 노
동조합입니다. 이렇게 노동자들의 기초적인 권익을 보호
하고 조금 더 나은 생활을 위해 단결하는 것이 노동조합의
두 번째 의의입니다.

노동, 노동자하면 천하게 여기는 풍조가 사라지지 않았
지만 자신을 노동자로 선언하고 노동조합을 만드는 사람
들은 이제 정말 많아지고 다양해졌습니다. 전통적인 제조
업 노동자뿐 아니라 교수, 운동선수, 연예인, 파일럿, 공
무원, 교사, 연구원, 대기업 중간 관리자들 등 거의 모든
직종에서 자기 권리를 방어하기 위해 노동조합을 만들고
있습니다.

② 노동조합의 역할

노동조합이 할 일을 구체적으로 살펴보면 실리를 위한
일과 대의를 위한 일로 나눌 수 있습니다. 실리를 위한 일
은 생활과 노동조건을 개선하기 위한 경제적 요구 활동을
하는 것입니다. 이것을 '노동조합의 경제투쟁'이라 합니
다. 임금인상 활동, 노동조건 개선 활동, 노동시간 단축,
휴가휴일의 확대, 노동 강도 조정, 여성 및 연소 노동자의
보호, 산업안전보건 활동, 직장민주화를 위한 활동 등이
그것입니다.

대의를 위한 일은 노동조합의 정치 활동입니다. 노동조합이 웬 정치냐 하지만 그것은 그렇지 않습니다. 삼성 그룹이 떡값과 뇌물과 비자금과 감시 관리로 세상을 주무르는 것처럼 사용자들은 매우 정치적입니다. 노동조합을 통해 아무리 좋은 조건을 만들어도 법이 바뀌면 소용없고 임금인상 요구는 물가가 인상되고 세금이 오르면 당연한 것인데 갑자기 '배부른 노동 귀족의 이기적인 요구'라고 매도되기도 합니다. 이런 일방적인 음해를 막고 인간 존엄성의 높이를 키우기 위해 노동조합의 정치적 활동은 더욱 활성화되어야 합니다.

③ 노동조합의 성격

노동조합법에서는 노동조합을 이렇게 정의하고 있습니다. "노동조합이라 함은 근로자가 주체가 되어 자주적으로 단결하여 근로조건의 유지·개선 기타 근로자의 경제적·사회적 지위의 향상을 도모함을 목적으로 조직하는 단체 또는 그 연합단체를 말한다."

여기서 중요한 것은 "근로자가 주체가 되어 자주적으로"라고 하는 자주성의 원칙입니다. 사용자들이 노동조합에 대하여 부당한 지원이나 개입, 지배 또는 간섭을 해서는 안 된다는 것입니다. 자본과 권력에 줏대를 가지는 것이 노동조합의 자주성입니다. 이를 지키지 못하고 회사에게 잡혀 버린 노조를 어용노조라고 합니다. 자주성이 없는 노조는 노조가 아닙니다.

노동조합의 두 번째 성격은 민주성입니다. 노동조합은 다양한 의견과 입장을 가진 이들이 노동자로서 단결한 조직입니다. 그러므로 조합원의 의견을 수렴하고 참여를 보장하며 결정된 사항에 대해서는 공동의 책임을 지고 함께 실천해 나가며 최종 결정도 조합원 전체가 하는 것이 노동자의 민주주의며 노조의 민주성입니다. 이를 요약하면 ㉠주요 문제를 조합원 총회에서 결정하고, ㉡토론은 다양하게 결정은 하나로 하는 다수결의 원칙, ㉢일사부재리의 원칙을 지키고, ㉣공개적 진행으로 비밀주의를 없애는 것 등입니다.

세 번째는 연대성입니다. 노동자 개인으로는 너무나 서러운 약자이기 때문에 단결을 한 결과물이 노동조합입니다. 마찬가지로 모든 노동조합은 더 많은 노조와 지역적 혹은 전국적으로, 업종별로 연대를 넓혀 나가야 합니다. 만약 힘들게 투쟁을 하거나 박해받는 노동자나 노조가 있다면 자기 일처럼 나서서 지지하고 지원하는 것이, 결국은 자기 자신의 일이라는 생각이 바로 노동조합의 기본 성격입니다.

사용자는 노동자들이 연대하고 단결하는 것을 싫어합니다. 특히 '자주성이 싱싱한 노조(민주노조)'를 강성이라 하며 극도로 싫어합니다. 하지만 조금만 생각하면 사용자가 기피하는 것이 일터에서 노동자가 존중받기 위해서 노동자에게 필요한 것임을 알 수 있습니다.

자동차로 비교하면 회사는 엑셀레터이고 노동조합은 브레이크라 할 수 있습니다. 엑셀레터는 속도를 올려 주지만 안전 운행은 결국 브레이크의 성능에 달려 있습니다. 만약 브레이크 없는 자동차가 있다면 그 위험성은 말로 할 수 없을 것입니다. 노동조합을 거부하는 사용자는 브레이크 없는 자동차를 원하는 셈입니다. 민주노조를 탄압하고 어용노조를 만들려는 사용자는 엑셀레터를 쌍으로 달고 과속을 하겠다는 것입니다.

④ 노동조합의 형태별 종류

노동조합의 형태는 보통 한 기업을 조직 대상으로 하는 기업별 노조, 한 업종을 조직 대상으로 하는 산별 노조, 기업과 업종을 불문하고 조직을 하는 일반 노조가 있습니다. 노동조합이 출발부터 '단결'을 통해 힘을 마련하는 것이라면 노동조합의 형식은 크고 넓을수록 좋을 것입니다.

우리나라의 경우에는 일반적으로 기업별 노조에 대한 인식이 강하고 또 그렇게 만들려는 사용자들이 많습니다. 왜냐하면 기업별 노조가 노동조합의 입장에서 보면 가장 작고 좁게 만들어져서 힘이 제일 약한 형태이기 때문입니다. 외국의 경우 기업별 노조는, 즉 어용노조라는 인식이 있을 정도입니다.

노동조합 하면 기업별 노조로 인식이 굳어진 것은 1980

년 쿠데타와 광주 학살로 집권을 한 전두환 정권이 법으로 기업별 노조를 강제했기 때문입니다. 독재정권 시기에는 인간 존엄성의 높이가 형편없이 낮아집니다. 전두환 정권은 노동자들의 힘을 약화시키기 위해 두 가지 악법을 강제합니다. 하나는 노동자 내부를 약하게 만드는 기업별 노조를 강제한 것입니다. 이를 통해 '노동자는 하나다' 라는 노동자 정신을 '노동자는 기업의 운명에 종속된다', 즉 '회사가 살아야 직원도 산다' 는 종업원 의식으로 돌려 버린 것입니다. 그리고 또 하나는 '제3자 개입 금지' 조항을 만들어 그렇지 않아도 사회적 약자인 노동자들의 사회적 연대나 지지를 불법으로 만든 것입니다. 안으로는 분열을, 밖으로는 고립을 통해 노동자들의 힘을 강탈하려 했던 것입니다.

억압이 있는 곳에 저항이 있고, 저항을 통해 세상은 반드시 앞으로 나아가게 됩니다. 요즘은 대부분의 노동조합은 처음부터 산별 노조나 일반 노조를 선택합니다. 노조의 규모가 커지면서 운행 상의 문제점이 드러나기도 하지만 노동조합의 본질은 '단결과 연대' 이므로 기업별 노조가 아닌 산별 노조나 일반 노조로 노동조합의 형태가 자리 잡는 것은 바람직한 방향이라 할 것입니다.

2) 왜 사용자들은 노동조합을 싫어할까요

어떤 사람은 노동조합과 사용자를 회사의 양 날개라고 비유하기도 합니다. 한쪽 날개로는 새가 날 수 없듯이 좌우 양 날개가 필요하다고 보는 것입니다. 또 자동차의 엑셀레터와 브레이크로 비유하기도 합니다.

노동조합이 생기면 처음으로 변하는 것이 노동자들이 자기 목소리를 내는 것입니다. '예스맨'에서 '노, 라고 말할 수 있는 사람'이 된다는 것입니다. 시키면 시키는 대로, 주면 주는 대로 받는 손쉬운 대상이 아니라 서로 존중하고 존경하는 인격적인 관계가 만들어지는 것입니다. 노예가 노동자 의식을 가졌을 때 사용자는 '우리 회사의 인간 존엄성이 높아지고 민주화가 되었다'고 받아들이는 것이 아니라 '이것들이 맞먹어' 하는 식으로 느끼는 것입니다.

실제 노동조합이 만들어지면 생산성도 더 좋아진다는 것이 객관적인 조사 결과입니다. 노동조합 때문에 회사가 망하거나 힘들어진다는 이상한 인식이 있는데 이것은 전적으로 엄살에 불과합니다. 노동조합이 생겨서 망하는 회사가 있다면 그것은 노동자들이 회사가 망하기 전까지 노동조합 만들기를 무서워하다가 이렇게 가다간 퇴직금과 임금마저 떼이겠다는 위기의식으로 노동조합을 만들기 때문입니다. 노동조합 때문에 회사가 망하는 것이 아니고 망하는 회사에서 참다 못해 마지막 보호막으로 노동조합을 택하는 것입니다.

본래 노동조합은 단결과 연대를 통해, 이른바 보험의 역할을 해야 합니다. 하지만 노동조합을 만들면 회사로부터 그리고 사회적으로 많은 피해를 볼 것을 지레 두려워하는 풍조 때문에 복권처럼 마지막 카드로 노동조합이 선택된다면 그 사회는 '일상의 용기와 비상시의 지혜'가 실종된 사회입니다. '모난 돌이 정 맞는다, 나서면 너만 손해다' 식의 비겁한 생각이 마치 생활의 지혜처럼 횡행하고 있습니다. 이런 사실은 무척이나 슬픈 일입니다.

노동조합을 싫어하는 사용자는 먼저 자신의 의식을 스스로 점검할 필요가 있습니다. 노동조합은 가장 보편적인 근대의식의 산물입니다. 노동조합을 기피하는 것은 자신의 사고가 전근대적이라는 것을 고백하는 것입니다. 무엇보다 노동조합을 결성하거나 교섭하고 파업과 투쟁을 하는 것은 헌법이 보장하는 당연한 권리입니다. 이를 부정하는 것은 헌법을 부정하는 것임을 성찰할 수 있어야 합니다.

보편적으로 세계에서 가장 잘사는 나라를 꼽으라면 대부분 북유럽 3국을 말합니다. 이들 나라의 특징 중 하나는 노동조합의 조직률이 90%에 달한다는 것과 노동조합에 의해 정치적 의사가 많이 결정된다는 것입니다. 현재 우리나라의 노동조합 조직률은 이와 정반대로 10% 내외에 불과합니다. 그런데도 노동조합을 혐오하고 공격하는 언론들을 보면 대한민국 국민이 모두 행복한 민주주의로 가는 길은 아직 멀었구나 하는 생각을 지울 수 없습니다.

　적어도 노동조합을 적대하는 것은 헌법에 위반되는 것입
니다. 노동조합을 기업별 노조로 만들려고 하거나 단지 실
리만을 추구하게 하고 연대와 단결을 방해한다면 그 사람
의 인식이 전두환 독재정권 시절에 머물러 있는 것에 다름
아닙니다. 노동조합을 존중하고, 일하는 사람들을 존중하
는 것이 바로 사람이 존중받는 올바른 경제의 시작입니다.

8 여성이 행복한 세상이 좋은 세상

1) 평등 노동을 위한 노력

근로기준법 5조는 균등처우 조항입니다. "사용자는 근로자에 대하여 남녀의 차별적 대우를 하지 못하며 국적, 신앙, 또는 사회적 신분을 이유로 근로조건에 대한 차별적 처우를 하지 못한다"고 규정되어 있습니다. 이를 어기면 500만 원 이하의 벌금을 내야 합니다.

이는 헌법 제11조 "모든 국민은 법 앞에 평등하다"는 이념을 일터에도 똑같이 적용한다는 취지를 표명한 것입니다. 그것은 인간의 존엄성이 보장되고 근대적 노사 관계를 확립하는 것입니다. 특히 근로기준법에는 여성과 연소자들에게 특별한 보호를 받을 권리가 있음을 밝히고 있습니다. 합리적이고 정당한 이유 없이 임금, 교육, 후생복지, 승진, 배치전환, 정년제, 해고 등에 차별을 두는 것은 위법입니다.

우리 여성들은 임신, 출산 등 생명을 낳고 기르는 소중한 역할을 하고 있습니다. 여성이 가지고 있는 '모성'이 없었다면 인간 사회의 문화와 문명 또한 없었을 것입니다. 여성의 역할에 대한 존중과 고마워하는 마음은 당연한데, 오히려 현실에서는 차별과 불이익의 근거가 되고 있습니다.

여성이 결혼을 하거나 임신, 출산을 하면 일을 그만두도록 하는 직장이 아직도 남아 있습니다. 아직도 여성 노동을 남성 노동의 보조 역할쯤으로 생각하면서 저임금과 각종 수당을 차등 지급하는 경우도 많습니다.

그래서 '남녀고용평등법'이라는 독자적인 법을 통해 특별히 여성 노동을 보호하고 평등한 일터를 만들고 있습니다.

그 내용을 살펴보면 다음과 같습니다. ㉠고용의 평등한 기회를 보장하기 위해 모집과 채용에 있어 차별을 금지하고(제7조), 동일한 일에 대한 동일한 임금을 보장하며(제8조), 임금 및 후생복지에서 차별을 금지한다(제9조). 교육·배치·승진에 차별을 금지하고(제10조), 직장 내 성희롱을 금지하고 예방한다(제12조)는 규정을 명시하고 있습니다.

그리고 ㉡모성의 보호와 가정과 일터의 공존을 위해 산전·산후휴가, 육아휴가, 직장 보육시설 등을 보장하고 있습니다.

2) 여성 노동에 대한 차별

① 모집 채용에서의 성차별

남성만을 대상으로 신입 사원을 뽑는 것은 성차별입니다. 남성은 관리직으로, 여성은 사무직 등으로 남녀를 분리 모집하고 채용하는 것도 성차별에 해당합니다. 학력과 경력이 다르지 않은데 여성을 남성보다 낮은 직급으로 뽑거나 남성은 정규직, 여성은 비정규직 형태의 불리한 모집을 하는 것도 성차별입니다. '키 160cm 이상, 몸무게 60kg 이하' 식의 신체적인 조건을 적시하여 채용 기회를 제한하는 것도 당연히 성차별에 해당합니다.

노동과 인권을 위한 좋은 말씀 7 - 로자 룩셈부르크

세계를 완전히 바꾸어야 한다. 그러나 닦아줄 수도 있을 눈물을 흘리게 만드는 것은 비난받아 마땅하다. 그리고 중요한 행동을 이루려는 성급함으로 주의를 게을리하여, 방어할 힘도 없는 가엾은 존재를 뭉개버리는 인간들은 누구든 범죄를 저지르는 것이다.

여성에게는 기회를 주지 않는 모집 공고

예를 들어 '남자 사원 모집', '사무직 남자 ○명 모집', '병역 필한 남자에 한함' 등의 공고를 내어 남성만을 모집하거나, 직종 별로 남녀를 분리 모집하는 경우입니다. 성별로 채용 예정 인원을 다르게 배정하여 특정 직종에 여성의 채용 기회를 제한하는 경우, 즉 '관리·사무직 남자○명', '판매직 여자○명', '판매직 남자○○명, 여자○명' 등의 모집 형태가 여기에 해당합니다.

여성에게만 제한적 조건을 부과하는 모집 공고

'남녀 사원 모집: 단 남자는 25~35세, 여자는 25세 이하', '사원 모집: 단, 여자는 미혼에 한함', '사원 모집: 여자는 용모 단정한 자, 또는 부양가족이 없는 자에 한함' 등이 여기에 속합니다.

학력, 경력 등 자격이 같음에도 여성을 낮은 직급 또는 직위로 모집·채용하는 경우

'사무직 5급 : 고졸 남자, 사무직 6급 : 고졸 여자', '사무직 3급 : 4년제 대졸 남자, 사무직 4급 : 4년제 대졸 여자' 등 여성을 남성보다 불리한 고용 형태로 채용하는 것도 성차별입니다. 또 남녀를 똑같은 조건으로 모집한 후

일률적으로 '남자는 정규직, 여자는 임시직'으로 발령하거나, 여성의 수습 기간을 길게 하는 경우도 있습니다.

직무수행상 반드시 필요하지 않은 채용 조건을 부과하는 경우

사무직 모집에 있어 '신장170㎝, 체중60㎏ 이상인 자' 등의 신체적 조건을 제시하는 사례가 있습니다.

② 임금에서의 성차별

'동일노동 동일임금'은 아주 중요한 원칙입니다. 하지만 여성, 연소자, 이주노동자 등은 이런 원칙의 적용을 받지 않는 경우가 많습니다. 그리고 최근에는 정규직과 비정규직을 분리하여 동일노동 동일임금의 원칙을 더욱 크게 훼손하고 있는 실정입니다.

동일노동 동일임금을 적용하지 않고 여성에게 임금을 적게 지급하는 경우, 각종 수당을 여성이라는 이유로 주지 않거나 적게 주는 경우, 승급·승직에 있어 차별을 두는 경우, 병역 면제자도 호봉 가산을 적용하면서 여성에게는 적용하지 않는 경우 등이 여기에 해당합니다.

임금에서의 성차별

- 여성의 임금을 가계에 부차적이고 보조적이라는 고정 관념에 기초하여 일률적으로 동일 직군 남성보다 적은 임금을 지급하는 것은 성차별입니다.

- 노동의 양과 질 등에 관계없이 생활 보조적 임금(제반 수당)을 지급하면서 여성이라는 이유로 차별하는 것은 성차별입니다. 예를 들면 가족수당, 교육수당, 통근수당 등 지급 대상에서 여성을 제외하거나 남성보다 까다로운 조건과 절차를 요구하는 경우입니다.

- 기본급, 호봉 산정, 승급 등에 있어서 성에 따라 그 기준을 달리 적용함으로써 임금을 차별하는 것도 성차별입니다. 예를 들면 남성과 여성을 별도로 보수표를 적용하거나 경력과 학력 등 객관적 조건이 같음에도 남성보다 낮은 호봉을 부여하는 것 등이 여기에 해당됩니다.

- 모성보호 등으로 여성노동자에게 더 많은 비용이 지출된다는 이유로 여성의 임금을 낮게 책정하는 경우도 성차별입니다.

③ 교육과 배치, 승진에서의 성차별

일정한 직무에 여성을 아예 배제하는 경우, 혼인·임신·출산·연령을 이유로 불리한 배치나 직무 배치를 배제하는 경우, 승진 시험에 여성을 배제하거나 승진시키지 않는 경우, 남성에게는 다양한 경험의 기회를 주면서 여성에게는 고정된 업무만 부여하는 경우 등이 여기에 해당됩니다.

여성에게 중간 관리직으로 승진 기회를 주지 않거나 객관적 기준 없이 남성에게 편중되는 승진의 경우, 남성보다 장기간 근속한 여성의 승진을 배제하거나 기회를 어렵게 만드는 경우, 여성에게 일정 직급 이상의 승급을 제한하거나 동일 직급을 더욱 세분화하여 결과적으로 여성에게 승진의 불리함을 주는 경우 등이 성차별에 해당됩니다.

교육, 배치, 승진에서 성차별 사례

교육에서의 차별

- 교육 대상자 선정에서 제외하거나 불리한 조건을 부과 하는 것
- 해외 연수 등에 있어 여성을 제외하는 것
- 남성보다 장기간 근속 기간을 요구하는 것
- 성별로 교육 과정을 구분 편성 운영하는 등의 교육 내 용을 달리하는 것
- 남성에게는 직무 능력 개발·승진에 필요한 내용을 교 육시키고 여성에게는 예절·교양 교육만을 시키는 것
- 관리 능력 배양에 관한 교육에 있어 여성을 그 대상에 서 제외하는 것

배치에서의 차별

- **일정한 직무에 여성을 배제하는 경우** : 인사·기획 업 무 등에 남성만을 배치하는 것, 여성임을 이유로 해외 근무 대상에서 제외시키는 것 등입니다.
- **여성에 대해서만 불이익이 되도록 배치를 한 경우** : 여성에 대해서 혼인이나 일정한 연령에 달한 것 등을 이유로 통근하기 불편한 장소에 배치하는 것, 동일 학 력과 자격으로 채용한 후 남성은 주로 기간 업무에 배 치하고 여자는 본인의 의사에 반하여 정형적 단순 보

조 업무에 배치하는 것, 같은 조건으로 채용한 후 남성
은 기획·관리 분야에 여성은 그 보조 업무에만 배치
하는 것, 동일 생산직으로 채용한 후 남성은 생산 관리
로 여성은 제품 조립 업무에만 배치하는 것, 남성은 정
기적으로 순환 근무시키면서 여성은 특정 업무에만 계
속 근무시키는 것, '코스별고용관리제도' 도입 시 성
별에 따라 일률적으로 배치하는 것, 담당 코스에 대한
개인의 희망을 무시한 채 '남성은 모두 우위 코스로,
여성은 모두 열위 코스로' 일률 배치하는 것 등이 그
것입니다.

승진에서의 차별

- **여성 노동자에게는 승진 기회를 전혀 부여하지 않는 경
  우** : 시험 합격이 승진의 요건으로 되어 있는 경우 여
  성 근로자를 당해 시험의 응시 대상에서 제외하는 것
  등이 여기에 해당합니다.
- **승진 기회를 부여하고 있으나, 남성보다 상대적으로
  불리한 조건이나 절차를 적용하는 경우** : 남성보다 장
  기간 근속을 요건으로 하는 것, 남성에 비해 근무 성
  적, 출근율 등을 엄격하게 적용하는 것, 여성에게만 별
  도의 시험을 거치도록 하는 것 등입니다.
- **여성에게 일정 직급(직위) 이상으로 승진할 수 없도록
  하고 있는 경우** : 남성은 부장까지 승진할 수 있으나,
  여성은 과장까지만 승진할 수 있도록 하는 경우도 있
  습니다.
- **여성의 직급을 남성에 비하여 더 많은 단계로 세분화**

하여 일정 직급에의 승진 시까지는 남성보다 장기간 소요되게 해서 결과적으로 불리하게 대우하는 경우 : 남성은 사원➡대리➡과장으로, 여성은 사원➡반장 ➡주임➡대리➡과장으로 승진 과정을 복잡하게 두는 경우가 여기에 속합니다.

노동과 인권을 위한 좋은 말씀 9 -해럴드 쿠시너(랍비)

죽음을 앞두고 "더 일했어야 했는데……"라고 말하는 사람은 없다. 그들은 모두 "다른 사람들을 좀 더 배려했더라면……, 더 많이 사랑하고 더 마음을 썼어야 했는데……"라고 뒤늦게 깨닫고 후회한다.

④ 정년, 퇴직, 해고에서의 성차별

남녀가 정년이 다르거나 대다수가 여성인 직종의 정년을 다른 직종에 비해 현저하게 낮게 정한 경우, 혼인·임신·출산 등을 이유로 해고하거나 퇴직을 강요하는 경우, 혼인·임신·출산을 퇴직 사유로 근로계약을 체결하는 경우, 정리해고에서 객관적 이유 없이 여성을 우선 해고 대상으로 선정하는 경우 등이 성차별에 해당됩니다.

정년, 퇴직, 해고에서의 차별 사례

• 생산직 남성은 55세, 여성은 50세 등으로 동일 직종에서 남녀 간 정년을 달리 정하는 경우가 있습니다.

• 대다수가 여성인 직종의 정년을 합리적 이유 없이 다른 직종보다 낮게 정하는 경우도 있습니다. 예를 들어 병원에서 의사는 60세, 간호사는 40세를 정년으로 하거나 학교 등에서 일반 사무직에게는 55세를, 타자원에게는 30세를 정년으로 하는 경우를 말합니다.

• 혼인 · 임신 · 출산 등을 이유로 여성을 해고하는 경우, 성차별에 해당합니다. 채용 당시 이를 약정했다 하더라도 마찬가지입니다. 정리해고에 있어 합리적 이유 없이 여성을 우선적으로 해고하는 것, 징계 사유와 절차 등에 있어 여성을 남성에 비해 불리하게 대우하여 해고하는 것도 차별입니다.

3) 모성에 대한 보호는 인류의 의무

임신 중인 여성에게는 산전·산후 유급 휴가 90일이 보장되어 있습니다. 또한 남녀 모두에게 육아휴직이 부여되고 있습니다(무급 휴가이므로 노조를 통해 취업 규칙이나 단체협약을 통해 유급화하는 것이 중요합니다). 임신 중인 여성의 청구가 있다면 경미한 노동으로 전환시켜야 합니다. 청구가 없어도 그렇게 하는 것이 옳습니다. 산전·산후 휴가 직후 30일간에는 어떤 이유가 있어도 해고를 시킬 수 없습니다. 이런 권리는 4인 이하 영세 사업장이나 비정규직 여성의 경우에도 동일하게 적용됩니다. 그리고 여성에게는 월 1일의 보건휴가를 주어야 합니다.

보건휴가에 대한 남성들의 불평이 있었습니다. 그래서 그런지 어느새 보건휴가는 유급휴가가 아니라 무급휴가가 되었습니다. 이것은 여성의 생리가 여성의 신체의 특징을 보호하는 것을 넘어 인류의 생존과 번식을 보호하는, 즉 남성의 상대로서 여성을 보호하는 것이 아니라 어머니로서 소중한 특성을 보호하는 제도입니다. 그런데도 남녀 역차별이라 불평하는 남성이 있다면 정말 못된 사람일 것입니다.

4) 성희롱에 대한 몇 가지 유형

상대방의 심정은 무시하고 일방적으로 야한 이야기를 한다거나 '00양 남자를 알아?', '니가 술집 여자냐, 옷이 그게 뭐냐?', '얼마나 키스를 했기에 입술이 그러냐?', '술은 여자가 따라야 맛이야', '나하고 하루 자면 열 달 동안 배 안 고플 걸' 등의 남성 중심의 언어 습관들이 성희롱이 됩니다.

노래방에서 억지로 안거나 키스하는 경우, 상사가 뒤에서 안거나 더듬는 경우, 마치 관례처럼 술을 따를 것을 요구하며 어깨를 안는 경우도 성희롱입니다. 컴퓨터 화면을 민망한 그림으로 채우는 경우, 음흉한 눈초리로 지속적으로 쳐다보거나 온몸을 훑은 경우도 성희롱이 됩니다. 또 직장 내 폭언이나 폭행은 성차별이라기보다 남녀 모두에게 법을 위반하는 행위입니다.

일반적으로 여성의 성추행이나 성폭행 피해를 개인의 처신 문제로 돌리는 경우가 많습니다. 이것은 아주 막돼먹은 부끄러운 인권의식입니다. 성희롱에 대해 남성들은 그저 장난으로 한 것인데 하며 난감해 하는 경우가 많습니다. 하지만 이런 경우 언제나 가져야 하는 관점이 있습니다. 이른바 '피해자 중심의 관점'입니다. 성희롱의 정도는 가해자의 감정이 아니라 피해자의 감정과 인식에 의해 결정되는 것입니다. 이것을 '성인지적 관점'이라고 합니다.

참고

성인지적관점(性認知的觀點 Gender Perspective)**과 피해자중심주의**

동일한 조건에도 남성과 여성이 처한 사회 현실에 따라 다른 효과나 결과가 나올 수 있습니다. 특히 남성 중심의 가부장 문화와 지배 문화 속에서 제반 사회적 조건과 정책 제도 등을 여성 특유의 경험을 반영하며, 특정 개념이 특정 성에게 유리하거나 불리하지 않은지, 성 역할 고정관념이 개입되어 있는지 아닌지에 대하여 각종 제도나 정책을 검토하고 성찰하자는 관점을 말합니다. 여성의 눈으로 불합리하고 불평등한 것이 관행으로 정착되어 있지는 않은지 그런 부당한 것이 고정관념으로 고착되어 있지는 않은지 깊게 성찰하는 관점을 말합니다.

남녀 간의 사회적 역할과 위치가 달랐습니다. 남성이 생산활동에 주로 노동을 하고 있었다고 한다면 여성은 재생산 영역에서 노동을 했습니다. 그것을 규정한 생리적 조건으로 임신 출산과 결부된 모성적 조건이 있었습니다. 그런데 역사가 발전하면서 생산 중심의 그리고 그것을 중심으로 한 계급적 지배체제가 확립되면서 피지배층의 남성문화와 여성 문화는 주류 역사에서 실종 또는 외면되게 됩니다.

이런 역사와 현실을 제대로 이해하고 인류의 억압과 예속과 차별에 대한 문제를 해결하기 위해 지배자의 입장을 벗어나 피지배자의 입장 여성의 입장에 서는 것이 반드시 필요합니다.

성 차별의 문제를 볼 때 성인지적 관점은 필연적으로 피해자 중심주의라는 관점을 동반합니다. 피해자 중심주의란 피해자의 입장에서 사건을 봐야 피해자가 상처받지 않고, 문제의 해결의 실마리를 찾을 수 있다는 것이다. 이런 관점이 반드시 필요한 영역이 이른바 성폭력 분야이다.

전통적인 의미에서의 성폭력—즉 여성의 성적 자기결정권을 침해하는 '육체적' 성관계, 접촉—은 생각보다 많이 일어고 있다. 하지만 성폭력으로 인한 피해를 입은 여성을 사전후적으로도 보호하지 못하고 있다. 특히 남성 중심의 일상화된 의식은 피해자인 여성에 대해 말썽꾼, 헤픈 이라는 2중의 가해를 남기고 있다. 가해에 대해 너그럽고 피해에 대해 가혹한 현실에서 여성의 피해 과정에 있어서의 경험과 느낌은 외면당한다. 이런 과정은 피해 여성의 정신에 더 큰 상처를 남긴다. 그래서 여성의 경험과 느낌을 긍정적인 자세로 적극적으로 받아들여 사건 해결의 중심적인 기준으로 삼는 태도가, 성폭력 사건 해결 과정에 매우 중요하고 또한 필연적인 것임을 자각하면서 나온 관점이 〈피해자 중심주의〉이다.

성희롱의 두 가지 유형

성적 언동이나 요구가 여성에게 불이익을 주거나 혐오감을 주는 것을 성희롱이라 합니다. 이는 보통 두 가지를 유형으로 분류합니다.

조건형 성희롱

성적 언동이나 성적 요구에 불응한 것을 이유로 채용 탈락, 감봉, 승진 탈락, 전직, 정직, 휴직, 해고 등과 같이 고용 또는 근로조건의 불이익을 주는 것을 말합니다.

직장 내에서 사업주가 노동자에게 성적인 관계를 요구했는데 이를 거부했다는 이유로 해고하는 경우, 출장 중에 상급자가 차 안에서 허리나 가슴 등을 만져 이에 저항하자 노동자를 불이익한 부서로 배치 전환하는 경우, 사내의 공식적인 회식 자리에서 사업주가 외설적인 춤을 출 것을 요구하며 포옹하려고 해서 이를 거부하자 승진에서 탈락시키는 경우 등이 있습니다.

환경형 성희롱

성적인 언어나 행동 등으로 성적 굴욕감 및 혐오감을 유발하여 결과적으로 고용 환경을 악화시키는 것을 말합니다. 성적인 언어나 행동이 반드시 반복적이어야 하는 것은 아니고 한 번의 성적 언동이라도 직장 내 성희롱이 될 수 있습니다.

직장 내에서 사업주가 성적인 음담패설이나 외모에 대한 성적인 평가 등의 발언을 하여 근로자가 성적 굴욕감을 느끼고 근로 의욕이 저하되는 경우, 성생활에 관계되는 소문을 의도적으로 퍼뜨려 성적 굴욕감을 느끼게 해 일을 제대로 할 수 없게 하는 경우, 음란한 사진이나 그림 등을 게시하여 성적 굴욕감을 느끼고 업무에 집중할 수 없게 하는 경우 등이 있습니다.

참고

남녀고용평등법 시행령 상 성적인 언동에 대한 예시

가. 육체적 행위
(1) 입맞춤이나 포옹, 뒤에서 껴안는 등의 신체적 접촉 행위
(2) 가슴, 엉덩이 등 특정 신체 부위를 만지는 행위
(3) 안마나 애무를 강요하는 행위

나. 언어적 행위
(1) 음란한 농담을 하거나 음탕하고 상스러운 이야기를 하는 행위(전화통화 포함)
(2) 외모에 대한 성적인 비유나 평가를 하는 행위
(3) 성적인 사실 관계를 묻거나 성적인 내용의 정보를 의도적으로 유포하는 행위
(4) 성적인 관계를 강요하거나 회유하는 행위
(5) 회식 자리 등에서 무리하게 옆에 앉혀 술을 따르도록 강요하는 행위

다. 시각적 행위
(1) 음란한 사진·그림·낙서·출판물 등을 게시하거나 보여주는 행위(컴퓨터통신이나 팩시밀리 등의 이용 포함)
(2) 성과 관련된 자신의 특정 신체 부위를 고의적으로 노출하거나 만지는 행위

라. 기타 사회 통념상 성적 굴욕감 또는 혐오감을 느끼게 하는 것으로 인정되는 언어나 행동

문재훈의 노동 상담실

이거 성희롱인가요?

Q 거래처 관계자나 계열사 직원 등의 성적 치근거림도 직장 내 성희롱인가요?

A 거래처 관계자나 계열사 직원에 의한 성희롱은 직장 내 성희롱으로 인정하기가 어렵습니다. 다만 사업주, 직장 내 상사 또는 동료가 거래처나 계열사 직원에 의한 성희롱이 일어날 수 있는 상황을 유도하거나 감수하도록 피해자에게 요구한 경우에는 직장 내 성희롱으로 성립되어 사용자에게 책임을 물을 수 있습니다.

Q 정식으로 채용되기 전인 면접 과정에서도 성희롱이 성립되나요?

A 채용을 위한 면접 과정에 있는 피면접자는 잠정적 피고용인의 지위를 가지므로 면접자가 피면접자에게 성적 굴욕감을 느끼게 하거나 성적 행위 등을 요구하는 성적 언동은 성희롱으로 성립될 수 있습니다.

Q 여성도 성희롱의 행위자가 될 수 있나요?

A 직장 내 성희롱은 일반적으로 남성이 여성에게 하는 행위가 대부분이지만 경우에 따라서 여성이 남성에게, 여성이 여성에게, 남성이 남성에게 하는 행위도 있을 수 있습니다. 예를 들어 여성 상사가 남성 부하 직원에게 원하지 않는 성적 행위를 통해서 괴롭히는 경우도 직장 내 성희롱

이 될 수 있습니다.

Q 시간제, 일용직 노동자도 직장 내 성희롱과 관련하여 보호를 받을 수 있나요?

A 시간제, 일용직 노동자라고 할지라도 모든 사업 또는 사업장에 남녀고용평등법이 적용되므로 직장 내 성희롱과 관련하여 보호를 받을 수 있음은 당연합니다.

Q 피해자가 성희롱 행위자의 성적 언동을 묵시적으로 용인한 경우에도 성희롱으로 성립되나요?

A 성립될 수 있습니다. 예를 들어 피해자의 사회경험 부족으로 성희롱 상황을 당연히 받아들여야 하는 것으로 간주하여 명시적인 거부를 못하고 묵시적으로 용인하였으나 점차 성적 굴욕감을 느껴 성희롱으로 주장하는 경우에 성희롱으로 성립될 수 있습니다. 다만, 성희롱 피해자의 적극적 동의로 성적 언동을 주고받는 관계가 지속된 경우에는 성립될 수 없습니다.

Q 직장 상사가 자신의 컴퓨터 바탕화면에 노출이 심한 여자 사진을 실어 놓은 경우 그 자체로도 성희롱이 성립되나요?

A 시각적 행위에 의한 성희롱 성립의 문제는 특별한 사정이 없는 한 대상이 있어야 합니다. 즉, 자신의 책상 위에 자신이 즐기기 위하여 야한 사진을 컴퓨터 바탕화면을 실어 놓는 것은 개인 취향의 문제이고, 그 개인적 생활이 타인을 고려하지 않은 미숙한 것이라 할 수 있을지라도 그것

이 바로 성희롱으로 연결되는 것은 아닙니다. 그러나 그 행위가 타인에게 성적 불쾌감을 초래하고 그 감정을 표현했는데도 그러한 행위가 지속된다면 이는 직장 내 성희롱이 됩니다. 또한 여직원을 대상으로 보이는 곳에 야한 달력을 걸어놓는 행위는 당연히 성희롱으로 성립될 수 있습니다.

Q 성희롱 행위자가 성희롱하려는 의도를 가져야 성희롱인가요?

A 그렇지 않습니다. 성희롱 행위자가 스스로는 성희롱으로 인식하지 못해도 피해자는 성희롱으로 받아들일 수 있으므로 성희롱 행위자의 성희롱 의도 여부보다는 피해자의 입장에서 살펴보아야 합니다. 다만, 피해자의 반응은 사람에 따라 다양하므로 사회 통념상 합리적인 사람이 피해자의 입장이었을 때 문제가 되는 언동에 대하여 어떻게 판단하고 대응하겠는가 하는 점이 판단의 기준이 되어야 할 것입니다.

Q 특정인을 대상으로 하지 않은 성적 농담도 성희롱인가요?

A 특정인을 염두 해두지 않은 성적 언동이라 하더라도 '성적으로 불쾌감을 주고 거부감을 주는 환경(적대적 환경)'을 조성했다면 성희롱으로 성립될 수 있습니다.

Q 차나 복사 심부름 등을 여성에게만 강요하는 것도 성희롱인가요?

A 외국의 경우 ①여성을 '할머니', '아줌마', '야' 등으로 부르는 행위, ② '여성에게는 가사나 내조, 양육'을, '남성에게는 가장의 역할과 힘'을 강조하는 행위, ③차 심부름, 복사 심부름 등을 한쪽 성에게만 강조하는 등의 행위 (이른바 '성 역할에 기반한 성희롱')도 성희롱에 포함시키고 있습니다.

그러나 우리나라의 경우에는 아직까지 이러한 행위는 성희롱에 포함시키지 않고 있습니다. 즉, 그것이 직장 예의에 벗어나는 여성 비하적인 행동으로 볼 수는 있을 것이나, 성적 언동이 아니기 때문이라는 판단 때문입니다.

Q 단 1회의 성적 언동이라도 성희롱이 성립되나요?

A 조건형 성희롱의 경우 행위자의 성적 언동 한 번에 대하여 피해자가 거부하거나 불쾌감을 표시하여 인사상의 불이익을 받았을 때 당연히 직장 내 성희롱으로 성립됩니다. 또한 경미한 성적 언동이라도 상대방이 원하지 않는 행위가 반복되어 굴욕감을 유발하여 업무 능률을 저해시켰다면 성희롱으로 성립됩니다.

9 노동 사회보험에 대한 실전 상식들

1) 인간 존엄의 안전망

공공 사회보험에 대한 이러저러한 공격을 쉽게 볼 수 있습니다. 국민연금이 적자라서 거덜이 날 것이라는 둥, 의료보험이 또 어떻다는 둥 많은 말들로 그럴듯하게 비판합니다. 거기에 더해 언론에서는 노후 보장자산이 어떠니 하면서 민간 사제보험에 대해 무슨 도깨비방망이처럼 과장하여 광고합니다.

쉽게 말하면 돈 많은 이들이 국가의 사회보험과 복지제도를 상품화하여 돈을 왕창 벌겠다는 것입니다. 문제는 돈 많은 이들이 만드는 보험과 복지는 절대적으로 돈으로 결정된다는 것입니다. 돈 많은 이에게 더 많은 혜택과 복지가 돌아가고 돈 없는 사람은 배제되는 것이 그들이 만드는 미래입니다.

공공 사회보험의 경우 아직 충분하지는 않지만 가난한 사람들에게 조금 더 복지의 혜택을 주고 돈 많은 이들에겐 조금 더 많은 돈을 내게 하는 사회적 형평성이 주어집니다. 나라가 세금으로 사회의 질서와 복지 제도를 운영하는 것은 시혜가 아니라 나라의 의무입니다. 돈 많은 이들의 경우 최소한의 혜택만 받는 사회보험을 활용할 이유가 없습니다. 이런 제도가 필요한 것은 사회적 약자들이 최소한의 인간적 생활을 보장받을 수 있도록 하기 위함입니다. 그런데 이런 부분조차 민영화라는 이름으로 상품화하는 것은 빈부 격차를 조장하고 사회의 마지막 안전망마저 거둬버리겠다는 참으로 무서운 일입니다.

1997년에 우리나라는 초유의 경제적 파탄에 빠진 적이 있습니다. 기업들은 120조 가량의 빚을 지고 파국 상태에 있었고 이를 구제하기 위해 나라는 공적 자금의 이름으로 180조 가량의 지원을 한 바 있습니다. 기업의 빚을 나라가 떠안은 것입니다. 그리고 이중 50% 이상은 반환이 되지 않았다고 합니다. 신문 보도에 의하면 그후 10년 뒤에 국민들의 가구당 빚은 350조로 늘었고 기업의 재산은 200조로 늘었다고 합니다. -120조가 200조가 됐으니 대략 320조 원 정도의 재산이 늘어난 것입니다. 결국 국민의 부담(세금과 빚)으로 기업의 재산을 늘려 준 것입니다. 기업에게는 이렇게 세금을 지출하면서 국민 대다수의 생계와 인간 존엄성의 안정망인 사회보험을 적자 운운하는 것은 엄살로밖에 보이지 않습니다. 더구나 사제보험 등으로 복지제도 자체의 부담을 개인에게 돌리는 것은 부당한 것입니다.

2) 노동과 삶을 보장하는 사회보험

현재 우리나라가 운영하는 사회보험은 크게 네 가지입니다. 산재보험, 고용보험, 국민연금, 건강보험이 그것입니다. 여기에 노동자들은 임금의 7% 내외를 고정적으로 지출합니다. 산재보험은 앞에서 다루었기 때문에 여기서는 나머지에 대해 살펴보겠습니다.

① 고용보험

대한민국은 직업을 가질 권리를 헌법으로 보장하고 있습니다. 실업 상태에 있는 사람들은 나라와 사회가 책임져야 할 직업을 가질 권리를 보장받지 못하는 상태에 있습니다. 국가가 이런 책임을 지고 실업보험, 고용보험제도를 실시하고 있는 것입니다.

우리나라의 고용보험은 1인 이상 모든 사업장에 적용하는 것을 원칙으로 하고 있습니다. 다만 농업, 임업, 어업 등의 경우 4인 이하의 고용사업, 가사노동이나 규모가 영세한 건설 공사엔 적용하지 않고 있습니다.

고용보험에서 제외되는 노동자들도 있습니다. 60세 이후 새로 고용된 자, 65세 이상자, 월 노동시간이 80시간(주 18시간) 미만인 사람 등에게는 적용되지 않고 있습니다. 평균 수명이 70대 중반으로 늘어난 현재, 예전의 기준에 의한 정년제는 현실에 맞지 않습니다. 노후 사회보장제도를 획기적으로 강화하든가, 아니면 어르신들이 보람을 다질 수 있는 일이 사회적으로 제공되어야 할 것입니다.

고용보험을 타기 위해서는 퇴직일 이전 18개월 중 6개월 이상 고용보험에 가입하여 보험료를 내야 합니다. 보험료는 회사와 노동자가 반반씩 분담합니다. 그런데 일부 회사에서는 고용보험에 가입하지 않는 경우가 있습니다. 이것은 명백한 불법입니다. 그래도 포기하지 말아야 합니다. 회사가 고용보험에 들지 않아 혜택을 못 받는 경우, 취업 기간 중에 노동자 몫의 보험금을 일시불로 내면 수급 대상이 될 수 있기 때문입니다.

고용보험에 의한 실업급여는 보험 가입 기간과 노동자 연령에 따라 지급 기준이 다른데 최소 3개월에서 최장 8개월까지 보장됩니다. 실업급여의 액수는 자신의 평균 임금의 50%이며 2주 1회 근로복지공단에 가서 구직 노력을 보고하고 수령하게 됩니다.

실업급여 대상이 되지 못하는 경우도 있습니다. 스스로 사직한 경우와 직무 관련 금고 이상의 형을 받고 해고된 경우입니다. 또 공금 횡령이나 회사 기밀 누설, 기물 파괴, 허위서류 작성 등으로 회사에 막대한 손해를 끼쳐 해고된 경우에는 수급 자격이 제한됩니다. 하지만 해고의 정당성을 다투는 경우 실업급여가 지급된 이후 판정 결과에 따라 반환을 결정하면 됩니다.

스스로 사직한 경우라도 정당한 사유가 있으면 실업급

여를 받을 수 있습니다. 임금이 체불된 회사, 회사가 이사를 가 출퇴근이 어려워진 퇴직, 병 치료를 위한 사직, 회사가 휴업한 상태로 생활이 어려운 경우, 정리해고, 가족의 병환에 의해 본인의 간호가 필요한 경우 등이 그것입니다.

어떤 사람들은 실직이 되고 나면 실업급여를 다 타고 나서 직장을 얻거나, 심지어 일을 하면서 실업급여까지 이중으로 받는 경우도 있는데 좋은 일이 아닙니다. 조기 취직을 하면 받아야 할 실업급여 1/2을 취업촉진수당으로 줍니다. 빨리 취직을 하는 것이 본인에게도, 사회나 국가에게도 좋은 일입니다. 이중으로 부정 수급을 하는 경우에는 비교적 엄한 처벌과 손해배상을 해야 합니다.

고용보험을 통해 산전·산후휴가 급여와 육아휴직 급여도 받습니다. 급여는 대략 50만 원 정도입니다.

문재훈의 노동 상담실

실업급여를 받을 수 있나요?

고용보험을 타 먹기가 쉽지 않습니다. 마을버스회사에서 체불임금을 받으려고 노동조합을 만들려다 해고되기 직전, 늙은 노동자 한 명이 고용보험이라도 수급하기 위해 병 치료를 위한 퇴직을 요청했습니다. 그러나 회사는 해고 결정을 질질 끌다가 65세를 넘겨 사직을 수리하고는 고용보험 마저 받지 못하도록 만든 사례가 있습니다.

또 어느 여성은 애기를 친정에 맡기고 직장을 다녔는데, 친정 부모님이 노환으로 아이 돌보기가 불가능해졌습니다. 아기의 보육이 어렵게 되자 불가피하게 퇴직을 하면서 실업급여를 받을 수 있는지 물어왔습니다.

우리나라 고용보험법에 따라 정해진 노동부 고시 제 2003-59호 「구직급여수급자격제한기준」 중 실업급여 지급 사유에서는 "자녀의 양육을 위해 보육시설을 이용하거나 친족 등에게 자녀의 양육을 맡김으로써 사업장으로의 통근이 불가능 또는 곤란하게 되어 이직하는 경우"에는 실업급여 수급 자격을 인정할 수 있도록 하고 있습니다.

여기서 양육이란, 초등학교 입학 이전의 연령에 해당하는 영유아의 보육을 말합니다. 또 사업장으로의 통근이 불가능 또는 곤란한 경우란, 통근 시 이용할 수 있는 통상의 교통수단으로는 사업장으로의 왕복 소요시간이 3시간 이상인 경우를 말한다고 합니다.

주의할 점은 자녀의 양육을 위해 퇴직하는 경우 실업급여의 수급 자격을 전부 인정하는 것이 아닙니다. 근로자의 주소 혹은 직장의 근처, 통근 경로상의 적당한 장소에 보육을 위한 시설과 친족 등이 없어야 하고, 다른 곳의 보육소 등 보육을 위한 시설을 이용하거나 다른 곳에 있는 친족 등에게 보육을 의뢰하여 통근 문제가 불가능 또는 곤란하여야만 합니다.

그러니 국민의 권리에 해당하는 고용보험을 받기 위해서도 별 걱정을 다해야 하는 실정입니다. 복지는 국민의 권리이며 국가의 의무입니다. 복지에 조건을 다는 것은 이미 복지가 아닙니다. 복지는 무조건적이어야 합니다.

② 국민연금

노령이나 정년퇴직, 뜻밖의 사고로 인해 생계가 어려운 가족의 경우 국가가 책임을 지고 평생 동안 일정액의 연금을 지급하여 안정된 생활을 보장하는 제도가 국민연금입니다. 국민연금에 대한 사회적 논란이 많지만 기본적으로는 좋은 제도이므로 강화해야지 이를 폐지하는 것은 사회보장의 결정적 후퇴라고 할 수 있습니다.

국민연금은 18세 이상 60세 미만 국민이라면 의무적으로 가입해야 합니다. 다만 국민연금에 가입이 되어 있다고 해서 무조건 보험료를 납부하는 것은 아닙니다. 즉, 소득 활동을 하는 기간 동안은 의무적으로 보험료를 납부해야 하지만, 그렇지 않은 경우에는 보험료를 납부하셔도 되고 납부 예외 신청을 통해 다시 소득 활동을 할 때까지 보험료 납부를 중지시킬 수 있습니다.

국민연금은 공공보험의 대표적인 제도입니다. 그리고 자신이 낸 것을 돌려받을 수 있습니다. 모 대선 후보가 사업을 하면서 의료보험은 최저 생활자 수준으로 내고 국민연금은 많이 내서 사회적 빈축을 산 적이 있습니다. 앞에서 말한 것처럼 의료보험은 돌려받을 수 없지만 국민연금은 돌려받을 수 있다는 얄팍한 생각을 했기 때문입니다.

현재 정부는 국민연금에 대해 미래에 적자가 예상된다면서 돈은 그대로 내고 급여는 반으로 줄이는 것을 무슨 개혁인 것처럼 추진하고 있습니다.

국민연금적자에 대한 걱정이 많은데 이것은 사회보장 제도에 대한 이해가 부족하기 때문입니다. 사회보장제도는 수익을 내는 일반 사업이 아닙니다. 사업자와 노동자가 반분하고 있는 기금을 정부가 운영하는 형태이기 때문에 이런 기우가 생기는데, 실제 정부 기금 또는 정부의 일반 행정 기능으로 노후에 대한 인간의 정상적인 생활이 보장되어야 합니다. 적자가 나는 것이 당연한 것이며 그것에 대한 책임과 의무는 모두 국가에게 있는 것입니다. 만약 국민연금으로 흑자가 난다면 좋은 것이 아니라 국가가 국민에게 바가지 씌운 꼴이 됩니다.

　현재 우리나라 노동자들은 월급의 4.5%를 국민연금으로 내고 있습니다. 국민연금의 급여에는 노령급여, 장애연금, 유족연금 등이 있습니다.

문재훈의 노동 상담실

국민연금의 좋은 점은 무엇인가요?

국민연금은 사람이 살면서 피할 수 없는 세 가지 위험에 대비하기 위한 제도입니다.

첫째는 늙고 힘이 없어 소득 활동을 할 수 없을 때 매월 연금을 통해 생활할 수 있도록 하는 노후 대책이고, 둘째는 사고나 질병으로 부양자가 사망했을 때 생계를 같이 했던 유족의 생활을 보호하는 대책이며, 셋째는 사고 또는 질병에 의해 장애가 발생한 경우 지급되는 장애 대책입니다.

우선 민간 보험에 비해 공공성과 안정성이 뛰어납니다. 민간 보험은 다양한 광고로 대단한 것처럼 치장하지만 궁극적으로 영리사업이기 때문에 그 유지와 발전 자체가 가입 고객의 부담이 되는 것입니다. 보상이 결국은 아랫돌 빼 윗돌 괴는 것에 불과하다는 것이 눈에 보이지는 않지만 말입니다.

실제로 종신보험 도입 초기인 1996년에 새로 계약된 종신보험 중 29.2%만이 계약 10년차인 2007년 말까지 유지된 것으로 나타났습니다. 특히 일부 보험사의 경우 10년차 계약 유지율이 10%대에 그쳤습니다. 또 2001년에 20개 생명보험회사가 새로 계약한 종신보험(약 314만 건) 가운데 지난해 말까지 유지된 계약 비율도 42.9%에 머물렀습니다. 우리나라 최고의 은행이었던 조흥은행이 100년 만에 문을 닫았습니다. 지난 10년간 보험회사 10

개가 주인을 바꿔야 했습니다. 이 과정에서 보상받은 돈은 최고 5000만 원이었으며 변액 연금 같은 경우는 보상도 없었습니다.

국민연금은 보험 가입 금액에 상관없이 평생 지급됩니다. 또한 매년 소비자 물가 상승률을 감안한 실질 가치가 보장된다는 점이 있습니다.

민주노동당의 오건호 정책자문위원의 조사 결과에 따르면 노동자의 경우 사보험에 비해 국민연금의 수익이 평균 5배를 넘는다고 합니다. 사보험에 100원을 납부하면 노후에 80원을 돌려받지만, 국민연금은 사용자가 납부한 100원을 합한 200원이 원금이 되고 나중에 지급받는 연금총액이 400원을 넘는다는 것입니다. 9% 보험료를 전액 자신이 납부하는 지역 가입자도 200원을 받으니 사보험과는 비교가 안 됩니다. 강제 가입이라는 점 때문에 원성의 대상이 되고 있으나, 번듯한 노후 자산이 없고 민간 보험의 높은 보험료과 위험성을 감안한다면 어려운 서민에게는 그나마 국민연금이 노후 준비에 가장 유리한 제도임에는 틀림없습니다.

많은 국민들은 적립금이 바닥났을 때 젊은 세대들이 나이든 세대의 연금을 감당하려면 엄청난 부담을 떠안게 되고 결국은 시스템이 붕괴되는 것이 아닌가 하고 우려합니다. 하지만 그런 상황은 오지 않는다고 봐도 됩니다. 국가적 책임이 담보되어 있기 때문입니다.

③ 건강보험

건강보험이란 질병이나 부상에 대비하여 평소에 조금씩 보험 기금을 납부하여 자신이나 가족, 이웃들의 의료비 걱정을 줄이고 치료를 받게 하는 사회보장제도입니다.

원래 근대적 국가에서는 헌법을 통해 출산, 육아, 교육, 주택, 의료, 노후, 이 6개 생활 부분에 대해서는 기본적인 책임을 다해야 합니다. 이것이 이른바 최소한의 생존권이기 때문입니다. 생존권을 책임지지 못해 가난을 비관하여 자살하거나, 치료를 받지 못해 죽는 국민이 있다면 아직 그 나라는 민주주의를 실현하지 못한 국가라고 해도 과언이 아닙니다.

건강보험은 교육보험이나 생명보험과 같은 일반 사보험과는 달리 정부가 법에 의하여 국민 복지를 증진시키고자 실시하는 제도입니다. 그렇기 때문에 법률이 정하는 일정한 요건에 해당하는 사람은 누구나 의무적으로 가입하여야 합니다.

보험료는 모든 사람이 똑같이 부담하는 것이 아니라 부담 능력에 따라 차등 부담합니다. 반면에 보험료를 얼마나 부담했느냐와는 상관없이 질병이나 부상 등이 발생되었을 때 누구나 똑같이 보험 급여를 받습니다. 이를 통해 소득 재분배, 빈부 격차의 사회적 조정이 조금이나마 해결되는 것입니다.

건강보험은 법에 의하여 의무적으로 적용되는 것이므

로 보험료는 매월 내야 하며, 보험료를 일정기간 내지 않을 경우에는 법에 의하여 보험료를 강제 징수하게 됩니다. 보험료는 전체 임금의 4.77%이고 노동자 부담은 2.385%입니다. 2008년부터는 임금의 5.089%로 0.31% 오르게 됩니다.

우리나라의 건강보험제도는 국민건강보험공단을 단일 보험자로 하여, 사업장 노동자와 그 사용자 그리고 공무원과 교직원을 직장 가입자로, 지역 주민(농어민, 도시 자영업자)을 지역 가입자로 구분하여 적용하고 있습니다.

문재훈의 노동 상담실

건강검진 비용은 누가 내야 하나요?

파견 노동자로 근무 중 회사가 입사할 때 요구하지 않았던 건강검진 서류를 제출하라고 하면서, 입사 시 제출했어야 하는 것이기 때문에 본인 부담으로 하라는 말을 들은 노동자가 문의를 했습니다.

우리나라 산업안전보건법은 채용하거나 채용 후 정기적인 건강검진을 의무화하고 있습니다. 신규 채용에도 부서 배치 전에 건강검진을 실시해야 합니다. 사무직 노동자는 2년에 1회, 그 외 노동자는 1년 1회 이상 주기적으로 일반 건강검진을 해야 하며, 그것은 회사의 의무입니다. 그러므로 그 비용 또한 당연히 사업주가 부담해야 합니다. 이는 노동자가 회사가 지정한 병원이 아닌 곳에서 받은 건강검진까지 동일하게 적용됩니다. 물론 이 비용은 국민건강보험공단에서 추후 지급하고 있습니다. 그러므로 위 사업자의 경우 건강검진 비용도 안 내고 국민건강보험공단에서 그 비용까지 챙기려는 이중의 욕심을 부리고 있을 가능성이 큽니다.

3) 진정한 사회복지를 위하여

진정한 사회복지는 공동체 정신이 살아 있어 상부상조하는 일상생활을 구축하는 것입니다. 우리나라보다 사회복지가 좋은 프랑스의 경우 혼자 사는 노인이 많아 벼락더위나 벼락 추위에 많은 피해를 받는다는 소식이 있었는데, 결국 그것도 삶터에서 공동체적 유대가 끊어졌기 때문입니다.

사회복지에 대해 우리는 잘못된 상식을 주입받고 있습니다. 그중 대표적인 것이 영국병, 독일병 하면서 사회복지가 많아 사회적으로 문제가 있다는 이야기입니다. 그것이 유럽에는 문제가 될지 모르지만 적어도 우리나라에서는 문제가 될 수 없습니다. 우리나라는 경제 규모 11위를 자랑하지만 사회복지는 130위를 달리는 사회복지 후진국에 다름 아니기 때문입니다. 그런데 복지가 과해서 생기는 병을 걱정하는 것은 남 떡 먹는데 콩고물 떨어질까 염려하는 것처럼 엉뚱한 일입니다.

또 하나의 잘못된 생각은 사회복지가 가난한 사람이나 사회적 약자에 대한 국가의 시혜라고 생각하는 것입니다. 사회복지는 국가의 의무입니다. 그리고 사회복지에 조건을 달아서는 안 됩니다. 예를 들어 일을 해야 복지 혜택을 준다는 '생산적 복직' 운운하는 것은 실업으로 고통받는 이에게 왜 실업자냐고 탓하는 것과 같고, 아픈 이에게 병이 낮지 않으면 치료를 해주지 않겠다는 것처럼 억지입니다. 복지에 단서가 붙는 것은 국민들이 나태하고 게으르기 때문에 채찍을 내려야 한다는 고압적인 관료주의의 작풍인 것입니다.

복지는 항상 연대적이고 보편적이어야 합니다. 기여를 많이 하면 많이 주고 능력이 없으면 소외되거나 배제된다면 복지라고 말할 수 없습니다. 그러므로 우리나라처럼 사회보험을 관리하는 관리공단이나 의료보험 등을 일반 행정으로 돌려야 합니다. 국가 행정의 중심이 복지가 되어야 한다는 것입니다. 이를 가장 잘 진행하고 있는 나라가 바로 복지 선진국 스웨덴입니다.

맺는 말

현대 사회는 돈 중심의 세상입니다. 그래서 사람들은 괴롭습니다. 돈이 만든 화려한 세상이 우리를 현혹하지만 인간 사회에서 5대 공공의 적인 "빈곤貧困, 무지無知, 질병疾病, 오염汚染, 부패腐敗"는 오히려 그 독기만 더해가고 있습니다.

그래서 사람들은 더욱 돈을 요구합니다. 돈이라는 것 자체가 탐욕과 갈증의 결정체이기 때문입니다. 돈은 도깨비방망이입니다. 무엇이든, 심지어 살아 있는 사람의 장기마저 살 수 있는 힘을 가지고 있습니다. 그리고 돈은 누구에게나, 언제나 부족합니다. 전지전능한 것이 언제나 부족하니 얼마나 소유하고 싶겠습니까? 심지어 그것만이 미래를 대비하는 효력이 있다면……. 그러다 보니 돈은 어느덧 우리 시대의 전지전능한 신처럼 되었습니다. 돈에 휘둘린 사람들은 공동체적 상생의 본성을 믿기 전에 이기와 탐욕의 본능을 믿게 되었습니다.

우리는 인간의 본성을 보는 철학적 관점들을 만나게 됩니다. 돈을 가진 자의 입장에서 인간은 '돈만 가져가고 일은 게을리 하는 존재'입니다. 그래서 인간을 경쟁과 압박을 가해야 하는, 채찍과 당근이 필요한 말쯤으로 여깁니다. 인간은 '헝그리 정신'이 있어야 열심히 일하는 존재이기 때문에 임금이 많거나 복지가 많으면 한없이 게을러진다고 합니다. 그래서 인간에게 필요한 것은 빈곤에 대한 고통과 함께 성공과 출세에 대한 욕망을 심어 주는 것이라고 합니다. '이기와 탐욕과 수동적인 존재'로 인간을 바라보는 관점입니다.

반면에 노동자의 입장에서는 '잘 해주는 사람에게 더잘 해주는 존재'가 사람입니다. 비싼 반지나 옷보다 따스한 마음이 담긴 편지 하나에 더 감동하고, 바라는 것 없이 무한정 사랑할 수 있는 존재가 사람입니다. 삶의 주인으로서의 존재, 삶을 가치 있게 만드는 존엄한 존재, 더불어 살아가기 때문에 더욱 행복한 사회적 존재로 사람을 생각합니다. '자주적이고 창조적인 존재'로 인간을 바라보게됩니다.

지금 우리는 어떻게 인간을 바라보고 있나요? 아니 자기 스스로를 어떻게 바라보고 있나요? 동무들이 바라보는 나의 모습은 어떨까요? 좋은 동무를 얻기 위해서는 스스로가 먼저 좋은 동무가 되는 것이 필요하다고 합니다. 자신이 소중하다고 생각을 하는 사람은 남도 소중한 사람으로 생각하는 수준 정도는 갖춰야 부끄럽지 않게 살 수 있습니다.

이기심利己心은 이타심利他心이 안 되지만 이타심은 이기심도 채워준다고 합니다. 스스로를 이기적이고 탐욕적인 존재가 아니라 존엄하고 가치 있는 존재로 생각하고 그 생각을 모든 사람에게 확장하는 사람이 되어야 합니다. 돈 부자보다 사람 부자, 보람 부자, 의리 부자가 되기를 빌어봅니다.

그러나 아직 세상은 이렇습니다.

2003년도에 현대의 노동자들이 파업으로 얻은 임금 추가분(2500억)은 자본가들이 1년 동안 번 이익금(9800억)의 1/4정도에 불과한 것이고, 현대 자본가들은 노동자들이 피땀 흘려 번 돈의 3/4를 챙겨간 것입니다. 이와 관련하여 대기업 노동자들이 연봉 4000만 원이 넘는데 무슨 파업이냐고 비난하는 사람들은 2003년 삼성 그룹의 이사들의 연봉이 58억이었다는 사실을 애써 감추려 하고 있습니다. 또한, 같은 해 현대의 정몽준은 자기 호주머니에 챙긴 순수익만 920억 원이었는데, 노동자의 연봉을 3000만 원으로 계산 했을 때 3000년 동안 벌어야 이 돈이 됩니다.

이건희가 타는 차는 벤츠가 만든 '마이바흐' 입니다. 이 차의 가격은 7억 원이며, 온갖 호화로운 옵션은 200만 가지나 된다고 합니다. 접촉사고라도 나면 수리비가 1억 원이 넘습니다. 만년필 하나에 750만 원, 사파이어 잉크병이 370만 원에 팔리기도 합니다. 더 놀라운 것은 '진짜 비싼 것' 은 공개되지도 않고 몰래 팔린다는 것입니다. 신분

노출을 꺼리는 부자들은 시내 '부띠끄'에서 옷을 삽니다. 그곳에서는 밍크코트 한 벌의 가격이 3000만 원은 족히 호가한다고 합니다. 강남의 부유한 집안 초등학생들은 14만 원 짜리 '구찌 지우개'와 7만 5000원짜리 '에르메스 연필'을 들고 다닙니다. 반면 결식아동의 숫자는 20만 명이 넘습니다. 이건희의 2004년 주식배당금 수입은 1622억 8000만 원이었고, 그 아들 이재용은 103억이었습니다.

정주영이 죽어서 남긴 재산은 5조 원이었다고 합니다. 이것에 대해 한 시인은 이렇게 읊고 있습니다.

줄잡아 그의 재산이 5조 원을 넘는단다.
그 돈은 일 년에 천만 원 받는 노동자 50만 년치에 해당한다. 한 인간이 한 세대에 50만 년이라는 인간의 시간을 착취했다. 50만 년!

한쪽이 부자가 되면 다른 한쪽은 가난해지는 것이 현실입니다. 한쪽에서 이익이 났다는 것은 다른 누군가가 손해를 봤다는 것입니다.

그래도 인류의 역사는 우여곡절을 겪지만 앞으로 나갔습니다. 인간의 존엄성은 날로 높아지는 방향으로 나간 것입니다. 그러기 위해 우리가 먼저 인간의 존엄성을 존중하는 생각과 그것을 실현할 수 있는 생활에 대한 고민을 해야 합니다.

경제적·물질적 부유보다 연대하고 더불어 살며 정신적·문화적으로 풍요롭게 사는 사람이 되는 것이 내 것만 좋다고 이기적으로 사는 것보다 훨씬 멋진 생각입니다.

우리는 이런 질문을 자주 받습니다. 배고픈 소크라테스가 될 것이냐, 배부른 돼지가 될 것이냐? 정답은 배부른 소크라테스가 되어야 합니다. 그러기 위해 먼저 필요한 것이 경쟁과 경제 성장, 이윤이 아니라 바로 사람입니다.

구체적인 생활에서 사람다운 조건을 만드는 첫째 상식으로 노동과 노동자 그리고 노동권에 대한 많은 관심을 가지는 것도 그 길의 하나임을 믿습니다.

덧붙이는 말

- 비정규 노동, 무엇이 문제인가
- 시장 경제의 적들

비정규 노동,
무엇이 문제인가

　비정규직은 고용의 안정이 보장되지 않는 노동자를 말합니다. 예전에는 임시직 또는 수습직 노동자가 비정규직이었습니다. 수습 기간은 정식 채용하기 전의 예비 기간인데, 보통 3개월 정도 되었습니다. 이 3개월의 수습 기간을 평생으로 늘린 것이 바로 비정규직 노동자입니다.

　고용이 불안하다는 것은 그 자체로도 불리한 것이지만, 더 큰 문제는 사람 사이에 차별을 둔다는 것입니다. 정규직과 비정규직의 임금 차별은 심각합니다. 노동부 조사 결과에 의하면 비정규직이 정규직 임금의 60.6% 수준, 노동계의 조사에 의하면 50% 이하로 파악되고 있습니다. 사회보장 차별도 임금 차별 뿐 아니라 4대 보험(고용보험, 산재보험, 국민연금, 건강보험) 가입률이 정규직은 80% 내외지만 비정규직의 경우 30% 내외입니다. 휴가, 근로계약 등 근무 조건에서도 비정규직이라는 이유로 휴가도 제대로 사용할 수 없으며 근로계약도 작성하지 않고, 근무 조건과 복지혜택에서도 차별을 받고 있습니다.

　비정규직 노동자의 문제는 다만 노동자들의 차별에만

그치는 것이 아닙니다. 노동자의 임금이 우리사회 최고의 내수 경제의 동력입니다. 아시는 사람은 알겠지만 부자 분들은 국내 물건 잘 쓰지 않습니다. 그러므로 노동자의 지갑이 두둑해 지는 것만이 내수경제가 활성화되는 것입니다. 하지만 비정규직은 노동자의 지갑을 반으로 뚝 잘라 버린 것입니다. 그러니 빈익빈 부익부 양극화의 문제나 전체 빈곤의 문제, 내수 경제의 불황 등의 뿌리에는 비정규직이 놓여 있는 것입니다.

노동법으로 본다면 비정규직의 문제를 파견제와 비추어 살펴보면 잘 알 수 있습니다. 근대법은 언제나 권리와 의무가 수반됩니다. 노동자가 노동력을 제공하는 것은 고용의 의무입니다. 반면에 임금 등의 문제와 고용안정을 보장하는 것은 사용자의 의무입니다. 그런데 파견제의 경우 파견노동자, 파견업체, 원청회사의 3중 체계로 됩니다. 실제 현실에서 근무에 대한 모든 관리는 원청회사에서 합니다. 그런데 해고 등의 조치나 이런 부분은 파견업체를 통해 합니다. 원청회사는 사람을 부리는 권리만 있고 의무는 파견업체가 지는 것입니다. 하지만 파견노동자가 파견업체에 이의를 제공하면 파견업체는 자기들의 힘이 없다며 나자빠집니다. 이렇게 노동자에겐 의무만 주고 사용자에겐 권리만 주는 것이 비정규노동의 현실입니다. 그래서 우리는 파견법 비정규노동을 현대판 노예제도라고 부르기도 하는 것입니다.

원래 비정규직은 3개월 이상 유지되는 일상 업무에는 고용되지 않아야 합니다. 그리고 비정규직은 일상적으로 노동 조건의 혜택(상여금 등이 없는 것과 고용안정 없음)이 없음으로 하루 임금이 정규직보다 높아야 합니다. 우리나라도 1997년 이전에는 임시직 일당이 정규직보다 높았습니다. 그런데 언제부터인가 임금을 깎기 위해 비정규직을 쓰는 터무니없는 짓을 하면서 그 책임을 노동조합에 돌리는 파렴치한 논리가 성행하게 되었습니다.

서구의 경우 비정규직은 사용자의 선택이 아니라 노동자의 선택입니다. 그리고 정규직 노동자의 중단기적 공백을 메우기 위한 긴급 처방적 역할을 하는 것입니다(입원

기간, 임신 출산 기간 등의 공백을 채우는 것 등). 그런데 이제는 사용자들이 임금을 깎고 노동조합을 약화시키고 노동조건의 악화시키는 수단으로 비정규직을 악용하는 것입니다. 이것은 비정상적인 것입니다. 그래서 노동자들은 비정규직을 반대합니다.

시장 경제의 적들

　우리나라 어느 학자가 「시장 경제의 적들」이란 글을 쓴 적이 있습니다. 그 글에 의하면 시장 경제들의 적은 다섯 가지를 들고 있습니다.

　첫째는 질투와 시기심입니다. 부자가 되고 성공을 하는 것에 대해 부러워하고 존경을 해야 하는데 한국 사람들은 시기하고 질투를 한다는 것입니다. 특히 재벌에 대한 반감을 비판하는데 사람을 납치하고 린치를 가한 한화 재벌의 회장, 수천억 원을 횡령한 현대자동차 회장, 세상을 떡값과 뇌물과 감시로 지배하난 삼성그룹의 회장들의 모습을 보며 존경해야 할 대상을 질투하는 우매한 국민이 아니라 정경유착의 특혜와 부정부패의 범죄를 향유한 범죄자들에 대한 당연한 지탄을 하고 있는 현명한 국민임을 보여주는 것입니다.

　부자이니 존경받는 것이 아니라 부자가 되는 과정에서 존경받을 만해서 존경을 받아야 합니다. 하지만 악하지 않으면, 독하지 않으면, 그리고 비인간적이지 않으면 돈을 벌 수 없는 조건에서 부자는 아직 존경의 대상이 될 수 없습니다.

둘째는 자기기만이라고 합니다. 저자는 삼성을 욕하면서 삼성에 취직하려는 무수한 행렬들을 보고 위선적이라고 욕을 합니다. 실제 우리나라 사람들의 심중은 정말 이런 이중성이 있습니다. 사람들은 그것을 민족성이라고도 하지만 그것은 아닙니다. 오히려 착하면 손해보고, 용기를 가지면 불이익을 당하고, 양심으로 살면 탄압을 받는 현실에서 만들어진 불행한 습성인 것입니다. 그 결과 친구와 우애 있게 지내라는 말을 아침에 하고 친구에 비해 성적이 떨어졌다고 매를 드는 일을 저녁에 하는 웃지 못할 비극들이 일어나고 있는 것입니다.

그 글의 저자는 자기기만을 하지 않기 위해서 솔직하게 욕심대로 친구를 경쟁상대로 보고 죽기 살기로 살아야 한다고 말합니다. 우리는 그 반대로 우애 있게 살자고 합니다. 자기기만을 하는 위선은 없애야 하지만 그 방향이 인간다운 길이 아니라 서로가 서로에게 야만인 짐승의 길로 가라는 것이 바로 자본(시장)의 논리입니다.

어떤 이들은 현실과 이상의 차이를 말하면서 경쟁적으로 사는 것이 어쩔 수 없는 것이라고 합니다. 하지만 그 어쩔 수 없다는 패배적 생각이 현실과 이상의 괴리를 지탱하는 힘입니다. 현실과 이상의 괴리에 순종하는 이들은 결코 세상을 진보시키지 못합니다. 고인 물이 되어 생의 악취를 내기 쉽습니다. 현실과 이상의 일치를 위한 용기를 가진 이 그런 사람의 생은 아름답습니다. 그의 생에선 향기가 납니다.

세 번째는 통제욕구라고 합니다. 시장의 질서를 자유방임하면 보이지 않는 손이 있어 알아서 할 텐데 괜히 국가나 사회 노조가 나서서 경제의 순리를 망친다고 주장합니다. 그런데 이상하게 우리나라의 경우 사기업의 부채를 나라가 공적자금으로 떠안았습니다. 시장경제에서 노사 간의 분쟁과 파업은 자연스러운 것인데 이를 언제나 국가 공권력이 막아섭니다. 주식시장이 조금만 요동을 쳐도 미국 같은 나라에서도 국가 기관에 준하는 연방준비은행에 금리 조절을 합니다. 석유를 위해 전쟁을 일으키는 것이 시장경제의 자유로움인 것은 아닐 것입니다.

시장의 보이지 않는 손의 자유를 위해 보이는 주먹이 필요하다는 말이 있습니다. 맥도널드 햄버거의 자유를 위해 맥도널 더글라스(미국 군수업체)가 필요하고 미군의 세계 주둔이 필요하다는 것입니다. 이런 위선적인 시장의 자유는 결국 이미 가진 자들, 더욱 힘이 센 나라들의 독재 및 독식을 부추기는 것입니다.

시장은 통제되어야 합니다. 시장을 위해 사람이 있는 것이 아니라 사람을 위해 시장이 있기 때문입니다. 현실 세상에서 가장 통제 욕구가 왕성하고 가장 통제된 곳이 어디겠습니까? 기업입니다. 대통령 국회의원은 우리 손으로 뽑는데 왜 그것보다 작고 덜 중요한 기업의 경우 밑으로부터의 민주주의가 없을까요. 과장, 부장이 대통령, 국회의원보다 더 중요한 자리일까요. 이런 현실을 외면하고 시장에 대한 사회적 공공적 개입을 거부하는 것은 결국 자기기만에 빠지는 것입니다.

네 번째는 놀랍게도 유토피아를 향한 열정이라고 합니

다. 미래의 희망을 추구하는 것이 시장경제의 적인 것입니다. 이미 기득권을 누리고 있는 자들에겐 현실이 천국입니다. 현실에서 고통받고 있는 이에겐 현실은 바꿔야 할 무엇입니다. 그래서 진보는 언제나 피지배자, 노동자 민중의 심장에 뿌리를 내리게 되는 것입니다. 그러니 자본의 완전한 자유가 구사되어 정말 원 없이 이윤을 추구하여 사람을 쥐어 짤 수 있는 현실을 부정하고 새로운 희망을 말하고 그것에 노력의 땀을 묻히는 사람들이 미워 죽겠나 봅니다.

유토피아를 향한 열정은 한마디로 모든 진보의식입니다. 그 학자의 눈에는 현재를 긍정하지 않는 모든 것의 부정한 것으로 보입니다. 하지만 현실에 대한 극복은 언제나 현실에 대한 부정을 통한 것입니다. 이것을 보통 '지양'이라고 합니다. 지양은 모든 것을 다 버리고 부정하는 것이 아니라 "승계할 것은 승계하고 낡은 것은 버리는" 지혜로운 부정입니다. 바로 그런 생각으로 새로운 사회를 염원하는 것은 문제가 아니라 젊은 사람들의 특권이자 살아있음의 증거입니다.

마지막으로 다섯 번째는 집단주의와 평등주의라고 합니다. 집단주의는 공동체 주의라고도 합니다. 인간의 개별성보다는 사회성을 존중하는 개념입니다. 이것을 대표하는 구호를 든다면 "전체는 하나를 위하여 하나는 전체를 위하여"쯤 됩니다. 이 집단주의에 대당하는 개념은 개인(이기)주의쯤 됩니다. 인간의 개별성을 우선하는 것입니다. 집단주의는 나쁜 말이 아닌데 전체주의와 혼재되면서 마치 개인주의는 좋고 집단주의는 나쁘다는 인식이 나온 것입니다. 전체주의는 "하나는 전체를 위하여"만 있는 것입니다. 가장 좋은 집단주의 사례를 든다면 가족 공동체입니다. 가족들 간에는 능력도 책임의 무게도 따지지 않습니다. 오히려 능력이 없는 막내나 은퇴한 노인들이 우선 존중을 받는 것이 원래의 가족 공동체였습니다.

평등주의는 보통 세 가지로 나뉜다고 합니다. 미국의 경우 기회의 평등을 주장합니다. 누구에게나 기회가 주어진다는 것입니다. 유럽의 경우 그것보다 조금 더 나은 조

건의 평등을 주장합니다. 그래서 무상교육, 무상의료 등
이 실시되고 있는 것입니다. 여기서 조금 더 나간다면 분
배의 평등이 있습니다. 경제의 결과에 대해 이익을 균점
하자는 것입니다.

평등의 원래 뜻은 평화라고 합니다. 평화는 평(平)+화
(和)입니다. 화(和)라는 글자는 화(禾=벼 화)+구(口=입 구)
가 결합된 것입니다. 그러니까 먹을거리가 모든 사람에게
공평하게 나뉘는 것이 평화인데 실은 이것이 평등인 것입
니다.

이런 평등은 '능력에 따라 일하고 능력에 따라 대가를
받는' 것을 말합니다. 무조건 평등을 말하는 것이 아닙니
다. 그런데도 마치 평등을 말하면 무조건 평등 그것도 하
향 평등이라고 왜곡을 합니다. 하지만 하향 평등을 말하
는 이들은 노동자가 아니라 사용자들입니다. 사용자들은
현대자동차 조합원들의 연봉 액수를 들먹이며 중소기업
노동자니 비정규직 노동자들에 비해 임금을 많이 받는다
고 지탄, 고립시키고 있습니다. 결국 하향 평준화하라는

것입니다.

　여성 연소자 장애인 모든 사회적 약자들이 행복한 사회가 좋은 회사입니다. 그러기 위해 '전체는 하나를 위하여, 하나는 전체를 위하여' 라는 정신, 모두가 고루 잘 사는 평등 정신은 기피의 대상이 아니라 사회적으로 가장 중요한 가치입니다.

삶창문고—노동 03
인권의 높이를 보여주는 **노동법**

초판 1쇄 인쇄 | 2008년 11월 21일
초판 1쇄 발행 | 2008년 11월 26일

글쓴이 | 문재훈

펴낸곳 | 도서출판 삶이 보이는 창
편집인 | 박일환
편집주간 | 김영숙
편집부 | 엄기수, 임현숙
영업 | 김원국

등록번호 | 제 18-48호
등록일자 | 1997년 12월 26일

주소 | (150-901) 서울시 영등포구 영등포동 2가 94-141 동아빌딩 402호
전화 | 02-848-3097
팩스 | 02-848-3094
홈페이지 | www.samchang.or.kr

ⓒ 문재훈, 2008

값 7,000원

ISBN 978-89-90492-68-5 04360
      978-89-90492-65-4(세트)